再訂版

保育原理の新基準

吉田直哉　編著

三恵社

まえがき

本書は、2014年に刊行された教科書『保育原理の新基準』の再訂版である。本書は、大学・短期大学等における保育士養成課程の科目「保育原理」において教科書として使用されることを主な目的としている。しかしながら、同時に、保育に関心を持つ人々が、現在の保育研究が議論しているトピックを概観するためにも、有益であることを願いつつ編まれている。

本書は、2018年度から施行される保育所保育指針に準拠しつつ、今日までの保育学の周辺領域までも視野に入れた最新の必須知識を簡潔に示し、解説する。本書の使命は、「保育学」全体のひとつの見取り図を示すことである。今回の再訂では、改訂版の刊行から2年を経て、読者からのレスポンスを反映させつつ、全体にわたって再検討と補筆がなされた。

本書は6つの章からなっている。第1章（吉田）では「保育原理」を学ぶ意義と、保育をめぐる社会的状況が取り上げられている。第2章（丹治）では諸外国の保育制度と日本の保育制度の現状が概説されている。第3章（稲井）では日本保育史・保育思想史が扱われている。第4章（田口・鈴木・宮地）では、西洋保育史・保育思想史の見取図が示されている。第5章（吉田）では、保育所保育指針に基づく保育の基本理念が整理されている。第6章（竹山）では、保育の記録と計画の方法、様々な保育形態が紹介されている。各章は、独立して読むことも可能である。そのため、本書を頭から通読する必要は必ずしもない。しかしながら、第1章と2章、3章と4章は、それぞれが強い関連性を持っているために、併せて読んでいただくことで、より内容を理解しやすくなるだろう。

現在、保育は、その「領域と機能の拡大」、および「意味づけの揺らぎ」に直面している。それに伴って、保育について語る「保育原理」もまた、それらの事象を的確に表現し、共同的な議論に耐えうる、信頼性の高いボキャビュラリーを磨き上げてゆかなければならない。本書は、現在という時代の保育に求められる「智慧」とは、どのようなものであるべきだろうか、という問いへの、我々なりの答案である。

著者を代表して

吉田　直哉

3

目 次

第4章　西洋における保育の思想・理念の歴史
―子ども観の変遷を中心に―

第5章　保育所保育指針における保育の基本概念

第6章　保育の質を高めるための計画と展開

第1章
「保育原理」を学ぶ意義と
保育を取り巻く状況

　本章では、まず、保育者になるにあたって、「保育原理」を学ぶ意義を考えていく。そして、「保育」という熟語の意味を、字源にさかのぼりながら考えると同時に、現在の保育を取り巻く社会状況、特に、保育が密接な関係をもつ家族の変化を紹介する。それらを踏まえながら、保育に今、何が求められているかを考えることで、「保育とは何か」という問いへの答えを探るきっかけとしたい。

Keywords

保育原理、(保育者の)アイデンティティ、少子化、近代家族、
良妻賢母主義、家庭的保育、社会化、保護者への保育指導

1　必修科目「保育原理」の位置づけと、保育学との関連

　まず、「保育」とは何か、「保育原理」とは何かを考えた後で、なぜ、「保育原理」を学ばなければならないのかを考えていこう。

　「保育原理」という四字熟語は、「保育」と「原理」という二つの二字熟語からなっている。「保育」という言葉の意味については、後にくわしく触れることにして、「原理」という、耳慣れない言葉について、ここでは考えてみよう。「原理」がつく、ほかの熟語を思いつくだろうか。「てこの原理」などは私たちにとっても身近な例である。てこの原理は、支点、力点、作用点という三つの点の位置関係から、「てこ」という力の働き方を説明するものである。「原理」という言葉には、このように、複雑な事象を成り立たせているような、背後にある単純ないくつかのルールや原則のことを言う。つまり、「保育原理」を学ぶということは、「保育」の背後に

ある、いくつかの根本的で、しかも単純なルールや、原則について考えることである。

　この保育原理という科目が、近年、重要視されている。現在の保育士養成課程では、「保育原理」は、必修25科目のうち、筆頭にあげられている。これは、保育士養成課程の中で、「保育原理」という科目が、最も重視されているということを意味している（保育原理が筆頭科目となったのは2011（平成23）年度から）。

　保育原理とは、「保育の本質・目的」に関わる科目である。「保育の本質・目的」を扱うということは、言い換えれば「保育のあるべき形」「保育が目指すべき価値」について学び、考える科目だということである。ということは、保育原理の重要性が増したということは、「保育の本質・目的」を考え直し、問い直すことの重要性が認識されてきたということになる。それはなぜなのだろうか。

　簡単に述べてしまうと、それは「保育の本質・目的」、言いかえれば「保育とは何か」についてのコンセンサス（意見の一致）が取れなくなってきたからである。すなわち、「保育とは何か」という問いについて、誰しもが納得する答えが、たやすく得られなくなっているのである。言いかえれば、保育の定義が、多様化しているのである。保育の本質や定義について、これという確信が得られなくなったために、私たちは、改めて、「保育とは何か」と問い直すことを始めざるをえなくなったのである。

　「保育の本質」が分からなくなる、ということは、「大人と子どもとの関わり」が、どのようにあるべきかが分からなくなる、という事態でもある。これは、「子ども」とはどんな存在か、子どもに向き合う「大人」とはどんな存在であるべきか、子どもを大人が「守る」「保護する」とはどういうことであるべきか、などが分かりにくく、納得しにくくなってきた、ということを意味する。

　保育の本質を問う「保育原理」が重視されているということは、「保育」そのものが、今、大きな転機を迎えているということに他ならない。転機に差し掛かったとき、「理念」や「原則」を再検討する必要が生まれてくる。それゆえ、今、保育を、それが位置づく「社会」との関係の中で捉えなおしてみること、そして、保育に関わる「自己」との関係の中で捉えなおしてみること、それが今まさに求められているのであり、そのきっかけとなることを期待されている科目が、保育原理なのである。

現在の保育を「内側」から見てもよくわからないならば、「外側」から見てみるのはどうだろう。「外側」から保育を観察することは、例えば時間をさかのぼる方法（歴史的方法）、保育を取り巻く社会状況の中に保育を位置づけなおしてみる方法、日本社会とは異なる、諸外国の保育制度を調べ、比較する方法（社会学的方法）などによって行うことができる。現在の保育の内部を知るために、あえて、近視眼的な物の見方をせず、一歩引いて、「過去」や、「社会」というものに視点をおいて、保育を眺めなおしてみるということである。本書は、このような二つのアプローチ（接近法）をとる。

次章以降でくわしく見るように、保育が、今あるような形になったのは、歴史上のある一時期より後（近代以降）のことにすぎない。保育は、ある歴史上の時代の中で、その社会の中に生きる人間の手によって作られてきたものである。その意味で、保育とは**文化**なのである。そう考えるなら、時代が変わり、社会が変わる時、保育のあり方も変わることになる。保育原理を学ぶということは、保育と、保育をめぐる社会の関係性の変化を見きわめる目を養うことである。そして、その変化の中で、保育者としての自分を見つめなおす視点を身に付けることである。「今ある保育」、「私の保育」を、外側から眺める視点を持つことは、保育を**相対化**するということである。保育を相対化してとらえるということは、今までの常識をカッコに入れて、今までとは違う、新しい別の視線を、保育に投げかけるということである。

保育者にとって、「保育（の本質）とは何か」と自分自身に問いかけることは、「保育をしている自分とは何か」という、自分の存在についての問いにつながっていく。この、「自分自身とは何ものか」という問いに対する、自分なりの答えが、**「アイデンティティ identity」**にあたる。精神医学者のロナルド・レインは、「アイデンティティ」を、「自己のアイデンティティとは、自分が何者であるかを、自分に語って聞かせる物語である」と述べている（レイン 1975）。保育者としてのアイデンティティを作り上げていくためには、「私がどんな保育者であるか」を、自分に語り聞かせるようなストーリー（物語）を、自作自演していかなければならない。そのストーリーを書き上げていくための手がかりを提供するのも、保育原理という科目である。だから、保育原理を学ぶということは、「保育とは何か」、「私は、どのような保育者なのか」という問いについての、自分なりの答えの物語を探し求めることである。それは、アイデンティティの危機と、それを乗り越え再構成する（組み

立てなおす)ことでもある。

　ただ、保育についての思考は、アイデンティティに関わってくるような「実践」の
場に留まるものではない。保育についての知は、現場に独占されるべきもので
はない。保育の知は、実践に携わる者だけではなく、保育について関心がある
もの全てに開かれるべきものである。そして、保育について考えることは、保育に
関心を持ち、関わりを持つ全ての人々に求められることなのである。保育者だけ
が、保育について知っているし、知っていればよいという考えは、保育が社会全
体の問題として、公的な問題として考えられるようになった現在の状況には、も
はやそぐわない。保育という問題は、いまや、一部の人間の問題ではなく、公
的な問題として、政治的な問題であると同時に、個々人に関わる私的な問題
でもあるということを、自覚していく必要がある。保育は、子どもに関わるが、子ど
もだけに関わっているわけではない。そして、私たちが住むこの社会に子どもが
産まれ、生きている以上、それは私たち全てに関わってくるのである。「子どもに
関わりがない」人にとっても、保育は「問題」なのであり、それが、誰しもに実感さ
れるようにならなければならないのである。

2 「保育」の意味、大人と子どもの関係の制度化としての保育

　そもそも、「保育」という言葉は、いかなる意味を負っているのだろうか。スタン
ダードな保育用語辞典のページを繰ってみることにしよう(森上史朗ほか編『保
育用語辞典：第8版』ミネルヴァ書房、2015年。執筆は森上史朗)。

> 　保育という用語は、広義には保育所・幼稚園の乳幼児を対象とする
> "集団施設保育"と、家庭での乳幼児を対象とする"家庭保育"の両方と
> する概念として用いられているが、しかし、一般には狭義に保育所・幼稚
> 園における教育を意味する用語として使用されている。(中略)幼児教育
> の対象となる幼児が幼弱であるために、保護し、いたわりながら教育する
> ことの必要性が考慮されていたものと思われる。

　上の引用から分かることは、「保育」には、保育所や幼稚園などの施設におけ
る集団の中での「保育」と、家庭で、保護者から与えられる「保育」という二

つの意味を含む広義の使い方と、前者の「集団施設保育」のみを表わす狭義の使い方があると言うことである。さらに、「保育」の中に、「保護」と「教育」という、二つの営みが含み込まれていることも分かる。

　それでは、さらに分け入って、保育という熟語を作っている「保」、「育」という漢字の成り立ちと原義を確かめてみることにしたい。まず、漢和辞典をひも解いてみよう。小川環樹ほか編『新字源』(角川書店、1994年)によれば、「保」とは「人がこどもを背負っているさまにより、負う、そだてる、ひいて「たもつ」意を表わす」会意文字とされ、「育」は、「子どもをうむ、転じて「そだつ」意を表す」会意文字とされている。

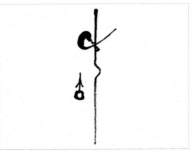

　上に示した、二つの金文(古代中国の殷・周王朝時代の文字)を見てほしい。「保」とは、大人が帯で子どもを背負う形を表わしている。「育」とは、子どもが母親の子宮から生れ出てくる姿を現している。「保」「育」のいずれの文字にも、二つの登場人物がいる。すなわち、「大人」(年長者)と「子ども」(年少者)である。「年長者の、年少者に対する、保護的な関わり」が、「保育」という言葉には含まれているということである。

　さて、次は、国語辞典を参照してみよう。1932(昭和7)年に刊行された国語辞典、大槻文彦編『大言海』(新編、冨山房、1982年)には、「保育」とは「保護シ、撫育スルコト」とある。「撫育」とは、同じく『大言海』によれば、「ナデ、ソダツルコト。恤ミ、養フコト。イツクシミ、養フコト」とあり、子どもを「守る」ことと、「撫でる」というスキンシップを含む行為が結び付けられている。

　まとめると、「保育」という熟語を構成する漢字の意味と、その辞書的な定義から、保育が、年長者と年少者の、直接的な関わりを示し、その関わりが、

子どもを保護し、養育することであることが分かる。

　我が国では、「保育」とは、児童福祉法、学校教育法(22条)などにも使用される、法制度上の用語でもある。2017年改定の保育所保育指針(第1章総則の1、保育所保育に関する基本原則、(1)保育所の役割)においては、保育所の定義の中で、「保育」の含意が、次のように示されている。

　　　　保育所は、児童福祉法(昭和22年法律第164号)第39条の規定に基づき、保育を必要とする子どもの保育を行い、その健全な心身の発達を図ることを目的とする児童福祉施設であり、入所する子どもの最善の利益を考慮し、その福祉を積極的に増進することに最もふさわしい生活の場でなければならない。

　以上のように、**「保育を必要とする」**子どもたちに与えられるものが「保育」だと定義されている。「保育を必要とする」ということは、必要とされる保育が充足されていない、提供されていない状況の中に子どもが置かれるということを意味する。家庭における保護者による子どもの養育を、何らかの事由(保護者の労働、疾病など)により受けられない子どもに対して、その状況を埋め合わせるために、保護者以外の他者が、その子どもに対して提供する制度化されたサービスが、保育所における保育なのである。

　家庭における養育は、一般的には、「育児」と呼ばれることが多い。「育児」とは、子どもの親(あるいはそれに相当する成人)が、自分の子どもを育てることである。それに対し、「保育」とは、「親以外の成人」が、「自分の子ども以外の子ども」を育てるということとして用いられることが多い用語である。保育は、このような、血縁(血のつながり)に基づかない大人と子どもの関係なのであり、もともと関わりを持たなかった両者が、社会の中に組み込まれた保育という場で出会うということを前提としている。この「出会うはずのなかった」両者が出合う場こそが、制度化された保育ということになる。

　この制度化された保育は、時限的なものである。言い換えれば、いつか、保育関係は、終わりを迎える。保育者は、ある時に子どもと出会い、そしてある時まで共に生活し、やがて、ある時に子どもと別れる。それを運命づけられた仕事である。保育は、「子別れ」を目指す営みであるということもできるだろう(汐見・

高田ほか編 2011)。子どもとの別れは、子どもが成長したということ、ライフサイクルの次のステージに進むということを意味するので、それ自体は本来「喜ばしいこと」のはずである。保育と言う仕事、あるいは保育者と子どもとの人間関係は、「別れるために出会う」という、宿命的なはかなさをはらんでいるのである。

そのはかなさの中で、保育は、「幼児期にふさわしく生きること」、「将来の基礎を作ること」という二つの目的を持ちつつ、展開されていく(無藤 2009)。つまり、「今」を生きることそのものを大切にするということと、それが将来、未来へ向けた発達に連続していくことを大切にしていく、という、二つの視線を持っているということである。子ども期の充実と、子どもでなくなった未来の充実を、同時に目指す営みが保育だということである。保育という営みは、つねに、過去と現在、現在と未来、というように、時間軸の上を往還しながら、現在とは異なる時への視線を保ち続けながら行われるものなのである。

保育とは、世代を超えた人と人との関わりであり、その関わりの意味は、時間軸の上で、現在と未来を重ね合わせて初めて、明らかになる。未来を生きるための保育と、現在をもっとも充実して生きるための保育とが、重なり合い、一体化しているという考え方が、保育という営みの核心にあると言ってよい。

そして、その営みは、「社会」「文化」の中に埋め込まれた「制度」でもある。保育は、その時代時代の社会の中で営まれる。当然、時代の流れの中で、保育は変化していく。しかし、保育と社会、時代の変化が、完全に一致しているというわけではない。社会は変わらないが、保育が変わることもある。その逆に、社会が変わるが、保育が変わらないこともある。保育は、それを取り巻く社会からのズレも含むことがあるということである。保育は、「社会」とも「家庭」とも違う場である。社会や家庭との「ズレ」にこそ、保育の存在意義や、「本質」が含まれている場合がある。

汐見稔幸は、功利性や便利さ、スピードを追求する営みである「文明civilization」と、時間を経て培われる、伝統的かつ人間的な営みである「文化culture」を区別して、保育が「文明」に完全に絡めとられてしまうのではなく、「文化」を伝達する場であるべきだ、と述べている(汐見・増田ほか 2010)。保育は、社会が忘れ去り、否定しようとしている価値を、ひそやかに伝達していくような場としても存在していくことができる。保育が持つ「文明」的な面と、「文化」的な面のどちらを重視していくのかは、現在を生きるわれわれに突きつけられてい

る問題なのである。

3 保育をめぐる社会情勢の変化と近代家族の変容

　制度としての保育は、つねに、先立つ社会の変化への対応策として、形作られてきた。いつの時代にも、保育は、社会の変化を追いかけてきたと言えるだろう。現在、バブル経済崩壊後の長期不況の中で、親世代の雇用が不安定化し、平均賃金も低い水準に留まっている。これは、家族において、男性（夫）のみならず、女性（妻）の労働が、家計を維持するために不可欠のものになりつつあることを示している。「女性の社会進出」とは、このような、「共働きの一般化」と表裏一体である。共働きが一般化すれば、「保育に欠ける」子どもは増加するであろう。このような家族をめぐる変化のなかで、「専業主婦の子どもは幼稚園へ、兼業主婦の子どもは保育所へ」という従来の一般的な常識が崩れつつある。

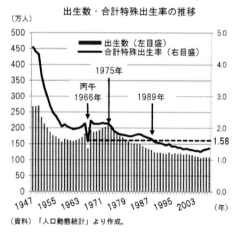

出生数・合計特殊出生率の推移

（資料）「人口動態統計」より作成。

　右のグラフは、戦後日本の出生数と**合計特殊出生率**の推移を表わしたものである。高度経済成長を達成した直後の第二次ベビーブーム（1972～74年）以降、出生数は低下の傾向に歯止めがかからない。これを**少子化**という。2016年の出生数は97万6979人であり、1899年の調査開始以来、初めて100万人を割った。2005年に、合計特殊出生率は1.26と過去最低を記録した後、2016年の1.44へと、漸増しているが、母親となる女性の人口も減少しているため、出生数は減少している。

　1989年には、1966年の丙午（ひのえうま）（この年に産まれた女は、夫に災いを及ぼすという迷信がある）の合計特殊出生率（1.58）を下回ったことから、「1.57ショック」という言葉が産まれた。「子どもを産み育てにくい」社会環境を変えていく必要

性を強く実感した政府は、1994年の文部、厚生、労働、建設の4大臣合意「今後の子育て支援のための施策の基本的方向について」(通称「エンゼル・プラン」)以降、省庁の壁を越えて、母親の就労支援と、育児に対するサポートを強化する施策を、相次いで打ち出している。

　出産・育児をする家族に対する支援、サポートが必要だと考えられた背景には、従来、育児を担ってきた「家族」の変化がある。現在、大きく揺らいでいるとされる家族のモデルは、**近代家族**と呼ばれている。

　近代家族には、次のような特徴がある(落合　1995:99)。

①家内領域と公共領域の分離。
②家族構成員相互の強い情緒的関係。
③子ども中心主義。
④男は公共領域・女は家内領域という性別分業。
⑤家族の集団性の強化。
⑥社交の衰退とプライバシーの成立。
⑦非親族の排除。
⑧核家族。

　近代家族は、強い情緒的な結びつきにより、家族の各メンバーが感情的な充足を得る場として、外部の公的領域から区別された、私的領域である。

　近代家族における、女性の役割は極めて大きかった。イリイチは、女性が市場労働の外側で、それを支える労働を行っていることを指摘し、これをシャドウ・ワーク(影の労働)と呼んだ。シャドウ・ワークには、イリイチの言うような炊事や洗濯ばかりでなく、老人介護、傷病の家族の看護、子どもの保育というような、再生産労働とケア・ワークも含まれる(上野　2011)。それらを全て、女性が家族の内部で行う労働を、家事労働と呼ぶ。

　日本では、家事労働を担う女性の役割を、**良妻賢母主義**という規範が支えてきた。良妻賢母主義とは、「女性は結婚して家族の中にあり、職業人としての夫を支え、子どもの健康な発達を支えるよう教育されるべきだ」という思想である(小山　1991)。これは、明治以降の日本の女子中等・高等教育を支えてきた基本的な考え方である。

近代家族が日本に広く普及したのは、戦後の高度経済成長期（1955〜7
3年）であった。そして現在、この近代家族が崩壊しつつあるといわれる。それは、
女性の社会進出によって、「男は外で稼ぐ、女は内で家を切り盛りする」という
性別役割分業が突き崩されたためである。働く女性（母親）の代わりとして、それ
まで女性（母親）が担っていた調理、清掃、洗濯、育児などの家事労働は、サー
ビス業者が担うようになる。

　パーソンズは、家族がもつ基本的な機能を、「子どもの社会化」と「大人の
パーソナリティの安定」であると述べている（パーソンズ／ベールズ　2001）。つ
まり、子どもを社会における一人前のメンバーに育て上げることと、大人がくつろ
ぎ、落ち着きを取り戻して、次なる活動への気力と体力を養うことが、家族の基
本的な働きなのである。現在の日本で、保育ニーズが拡大しているというのは、
「子どもの社会化」という機能を、家族だけではなく、社会の領域で、サービス
業が担っているということなのである。ただ、調理、洗濯、清掃などの家事労働
と異なり、育児（保育）は容易に機械化・自動化できない。さらに、高速化・短
期化もできない。家庭における育児も、保育施設における保育も、多くのコスト、
特に人間の手間と暇をかけなければならないため、家事労働の中で、特に育
児（保育）の負担の大きさと重要性がクローズアップされているのである。

　都市化の進展、地方における郊外化の進行は、子育てを、孤立した母子カ
プセルの中に密閉された、私的な営みにしつつある。小規模な家族であっても、
両親の一方が、子どもの養育に専念できれば、「保育を必要とする」という状
況には陥らない。しかしながら、その母子カプセルの中に押し込められることで、
育児という営みは、親族や地縁による知人、周囲の子育て家庭との繋がりか
ら断ち切られてしまう。そのような、マクロ（巨視的）な規模での社会情勢の変化
の中で、「保育を必要とする」子どもたちの範囲が拡大し、さらに、「保育を必要
としない」子どもたちに対しても、ソフト（情報、サービス）、ハード（施設）の両面か
らの積極的なサポートが提供される必要性が、今、あらためて認識されている
のである。

4　拡大する保育の機能①：家族がもつ子どもの社会化機能の代替

　2006（平成18）年の「認定こども園法」以降、保育・教育と、子育て支援を、

統合して総合的に提供しようという動きが強まっている。このような、従来の幼稚園、保育所という、保育の二元的な制度を乗り越えて、「幼保一元化」を進めて行こうという動きの背景には、教育よりむしろ保育、「保育を必要とする」事由の拡大によって、従来の幼稚園的な機能へのニーズが弱まり、保育所へのニーズが大きくなっているという事態がある。現に、私立幼稚園の75％が、2歳児の保育を行い（低年齢児保育）、4時間の標準教育時間の後にも子どもの保育を継続する「預かり保育」を行っているという現状が、「幼稚園の保育所化」という事態が進行していることを物語っていると言える。

　加えて、提供される保育サービスの形も、近年、大きく変化している。代表的な動きが、**「家庭的保育」**の登場である。家庭的保育とは、従来のような、保育所保育とは異なり、個人の家庭で、自分の子どもではない、他者の子どもを保育し、報酬を得る保育形態のことである。家庭的保育は、2015（平成27）年からスタートした「子ども・子育て支援新制度」の中では、「地域型保育事業」として位置づけられており、主に0～2歳の子どもを預かることによって、**待機児童**対策として効果を発揮することが期待されている（近年、待機児童問題は、保育問題の筆頭に挙げられることが多い。待機児童の8割以上は3歳未満児である。厚生労働省の調査によると、2014（平成26）年には、全国で2万1371人の待機児童がいる）。

　現在の家庭的保育は、数名の小集団での保育が一般的であり、保育者は「保育ママ」「家庭福祉員」などと呼ばれる。都市部を中心に、深刻な待機児童問題を抱えている地域では、保育所保育を補完する新しい保育サービスのあり方として注目を集めている。しかしながら、家庭的保育者は、必ずしも有資格者であるとは限らず、経験や知識、技能に個人差が極めて大きく、**保育の質**を維持することに大きな課題を抱えている。保育者として、特別の訓練、教育を受けたことがない者であっても、自分の子育て経験や、家庭での習俗としての子育ての延長で保育が務まるという認識が広まれば、保育という仕事が、子育て経験のある女性であれば、「誰でも務まる仕事」にすぎないというイメージが広がってしまう（小川　2013：36）。そうすれば、保育者を、子どもと子育てに関する専門的知識、技能を持ったプロフェッショナル（専門職）だとは捉えられなくなってしまうだろう。

　以上のような流れの中で、今、保育をめぐって起きていること、それは、**「育児**

の領域の縮小」と、「**保育の範囲の拡大**」であると言える。

　「育児の縮小」とは、今まで、育児を担ってきた家族の規模が縮小していることと関係している。いわゆる核家族の増加、両親以外の育児に携わる成人の数の減少は、育児の在り方を不安定にしている。両親に育児に従事できない理由が生じた場合、育児の機能そのものが停止してしまうということである。この、家族が持つ「育児」という機能が不全の状態に陥ってしまったとき、それを「代わり」に担う制度、ないしは施設が求められているのである。この「代わり」を担う施設こそが、「保育所」に他ならない。

　保育所は、日本国憲法25条が保障する子どもの生存権を具現化する施設であると同時に、憲法27条が規定する国民の勤労の権利、つまり保護者（特に母親）の勤労の権利を保障する施設として設けられた。保育所は、子どもの権利と保護者の権利の双方を実現するために設けられる、**児童福祉法**（1948（昭和23）年施行）を根拠法とした児童福祉施設の1つである。

　保育所は、児童福祉法第39条において、次のように定義されている。「保育所は、保育を必要とする乳児・幼児を日々保護者の下から通わせて保育を行うことを目的とする施設（利用定員が二十人以上であるものに限り、幼保連携型認定こども園を除く。）とする」。この条文における「**保育を必要とする**」という状態は、保護者の就労、疾病、家族の介護、などの事由があてはまる。そのため、家族規模が縮小すれば、「子どもが保育を必要とする」という事態が生じやすくなる。現在の保育所数の増加、在所児の増加の背景には、このような家族の変化があるのである。

　この世に誕生した乳児が、社会を構成する「一人前」のメンバーである成人に育っていくためには、「**社会化 socialization**」を経験しなければならない。「社会化」とは、「個人がある特定の社会集団の生活様式を学習し、その正規の成員に仕上げられる過程」のことである。ヒトが、ある社会の中で生活しながら、そのルールやマナー（文化）などを、パターンとして繰り返し経験することで習得するということである。社会化の経験は、子どもにとっては「学習」や「成長」としてみなされることになる。

　汐見稔幸は、この社会化を三つの段階に分けている（汐見　1996）。すなわち、家族の養育による「一次社会化」、地域社会の中での「二次社会化」、学校における制度化された教育である「三次社会化」である。今、家族・地域

社会における社会化機能の低下・縮小が起こっていると言われる。都市化の進展や、家族規模の縮小などで、かつての地域共同体、家族共同体が衰退し、育児は、きわめて小さい規模の「家族」が担わなければならなくなりつつある。現在の社会は、家族や地域の持つ社会化の機能を低下させているのである。

このような小規模の家族では、育児、すなわち子どもの社会化の機能を十分に果たすことができない。とするならば、それを「埋め合わせる」機能を果たす何ものかが必要になる。それが、「保育」なのである。先ほどの、汐見の社会化論でいうならば、家族における「一次社会化」の働きが弱まり、それを埋め合わせるものとして保育が重要視される。と同時に、地域社会の空洞化によって、「二次社会化」の機能も弱まり、保育を中心に新たな「地域」や「共同体」を作ることが求められている。さらに、これらの「一次社会化」と「二次社会化」を、学校における「三次社会化」へと繋いでいく働き(幼・保・小連携)も、保育には求められているのである。

成長の中で、関わる他者の数が減少するということは、子どもは、他者とのコミュニケーションを通じて、多様な価値観や文化、生活様式に触れる機会が減少するということである。社会全体の価値観が多様化していく中で、子どもの関わる領域が狭くなり、十分な社会化を受ける機会が、家族や共同体の空洞化と共に減少している。保育は、そのような現状を踏まえて、子どもたちに、新しい地域との結びつきをデザインしながら、子ども同士の交流、親同士の交流を演出し、多様な出会いの舞台となっていくことが求められているのである。

保育は、情報の集積地になると同時に、出会いのフォーラム、さらなるケアやサポートへの窓口(アクセス・ポイント)ともなっていくだろう。情報を求める人が、途方に暮れるとき、取りあえずそこへ行けば、何らかの情報やサポートに直接あずかれるか、あるいは、適切な情報やサポートがどこで得られるのかを知ることができる。そのような場として、保育は位置づけられていくことになる。

「保育の範囲の拡大」とは、保育が関わりを持つべき子どもの範囲が、かつてよりも大きくなっていることと、保育に寄せられるニーズ(要望、要求)が、幅広いものになってきているという二つのことを意味する。1990年代以降、低年齢児保育のニーズが拡大し、乳児保育が急速に普及した。加えて、保育所は、従来言われてきた「保育に欠ける」子どものみを対象としているわけではなくなり

つつある。さらに、障害や疾病を持つ子ども、ニューカマーなどの外国籍の子どもなど、今までは注目されてこなかった子どもへの関わりが重要視されている。

5 拡大する保育の機能②：保護者に対する支援

　同時に、保育は、「子どものみに関わる仕事」ではなくなりつつある。保育に期待されるニーズの拡大は、保育に従事する者（本書では、「保育者」と呼ぶ）の職務の内容も変化させている。

　児童福祉法第18条の4には、保育士の定義が示されている。そこには、保育士とは、「専門知識及び技術をもって、児童の保育及び児童の保護者に対する保育に関する指導を行うことを業とするもの」とある。ここではっきりと示されているように、保育士の仕事には、子どもを対象とする「保育」のみならず、子どもの保護者を対象とする**保護者への保育指導**」も位置づけられていることが分かる。この「子育て家庭への支援（サポート）」が、保育の職務として、児童福祉法に明記されるようになったのは、2003（平成15）年のことである。現在の保育士には、子どもを取り巻く家族への関わりが強く求められている。

　例えば、「地域の子育て支援」とは、在園児の保護者でなくても、保育所がある地域の子育て家庭の保護者であれば、誰でも、保育所に足を運び、保育士による子育てに対する相談、助言を受けることができるというものだ。この職務にあっては、すでに、サービスの対象が、保育所の境界を越えて、その外側の地域社会へと拡大している。これからの保育は、このように、保育所という施設の中で完結せず、周囲のさまざまな住民のネットワークの中へと開かれていくことになるだろう。例えば、高齢者サークルと保育所が共同して行う交流事業、保育所で行う地域イベントへの、地域の各種グループの参加の試みなどは、全国各地で行われている。

　このような事態は、保育所の地域化、あるいは、地域の保育所化とも言えるだろう。保育所の機能を地域社会に開くだけではなく、地域の人的資源、社会資源を、保育所という場にいったん取り込むことで、地域全体の「子育て」に対する意識と関わり方のチャンネルを増やしていくこと、この二つの役割を保育所は担っていくことが期待されている。地域と保育所が、相互乗り入れを図り、保育を中核とした、地域の再構築を目指すという遠大な目標が、その先には見

通されているのである。

　保育所に寄せられるニーズが、保育だけでなく、子育て支援にまで拡大しているという流れの背景には、地域に密着した社会資源として、保育所に出来ることをさらに行っていこうという、「保育所活用論」の盛り上がりがある(塩崎 2012)。保育所は、地域の子育てをめぐる人と情報の交流の中核として、位置づけられようとしているが、一方ではこの動きは、保育の職務の増大と、保育者の一層の多忙化を招きかねない危険性もはらんでいる。

　「保育士」という名称は、1999(平成11)年の児童福祉法改正の折から導入されたものである。それ以前、保育士が「保母」と通称されていた時代に比べれば、その職務の対象は大幅に拡大しており、業務の内容も複雑化している。当然のことながら、保育士に求められる専門性(知識・技術)の質の基準も高くなっている。保育所保育指針において、保育者が、保育所の中で協働して学び合う中で、自らの専門性を高め合うことが求められているのには、そのような背景があるのである。現在の保育士は、もはや、「母親の代わり」ではない。「保母」から「保育士」へと、資格の名称が変更されたことは、保育士の職務が、「母親の代わりに、子どもの世話をする」ことに留まらないということの表れでもある。

　それと連動して、厚生労働省が規定している保育士養成課程の科目数は、増加が続いている。これは、保育に求められる知識やスキル(技術)が増加していることを意味している。具体的には、児童福祉法に保護者に対する「保育指導」が規定されたことにより、保護者の子育てに対する支援に関わる新しい教授内容を持つ科目(現在の「子ども家庭支援論」「子育て支援」「子ども家庭支援の心理学」)が加わっている。「保育指導」、「子育て支援」をめぐって、新しい保育者の専門性のあり方が再構築されつつある。このような事態は、保育者の新しい専門性と、保育所の中の組織のあり方を問い直すべき、重大な局面に、私たちが接していることを意味している。

6　保育という「窓」から未来を見通す

　保育は、つねに、その社会の要求に応えることを求め続けられてきた。それは、保育が、その時代の精神と切り離せないものであるということを意味している。

保育は、今までもそうであったように、これからも、時代の要請を常に追いかけていくことになるだろう。しかし、そのことは、保育が、その時代、つまり「現在」の精神を、追認（あるいは黙認）し続けていかなければならないということを意味しているわけではない。なぜなら、保育がかかわる「子ども」とは、「現在」と「未来」をつなぐ存在であり、「子ども」に対して「大人」が寄せる想いや期待は、必然的に、大人自身が生きてきた「過去」から、子どもが生きる「未来」へと向けて、「現在」において受け渡そうとする希望を含むものになるからである。

　保育とは、まさに「過去と未来の間」に開かれる、大人と子どもとの出会いの場に他ならない。「過去」を生きてきた大人が、「未来」を生きる子どもに、「現在」において、何を提供したいと考えるのか、何を提供すべきなのか。この問いへの答えは、「過去」と「現在」を見つめているだけでは出てこないだろう。子どもの中に、どのような「未来」を見るか、その「未来」が「より良い」ものになるために、何をすべきなのか。いまや、私たちに責任を問うているのは、私たちの「子孫」にほかならないのである（神島 1989：43）。

　保育を問うということは、子どもという未来に向き合いながら、過去から未来へと受け渡す倫理を、現在において問うということである。そして、保育原理を学ぶということは、自分が生きてきた「過去」を振り返り、自分の子どもたちが生きていく「未来」をどうデザインするべきなのか、という問いについて考えるための第一歩を踏み出すということでもあるのだ。

（吉田直哉）

参考文献

神島二郎　1989 『日本人の発想』講談社。

柏女霊峰　2006 「保育の「今」と「これから」」網野武博ほか『これからの保育者にもとめられること』ひかりのくに。

小山静子　1991 『良妻賢母という規範』勁草書房。

レイン　1975 『自己と他者』志貴春彦ほか訳、みすず書房。

村瀬学　1985 『理解のおくれの本質：子ども論と宇宙論の間で』大和書房。

無藤隆　2009 『幼児教育の原則：保育内容を徹底的に考える』ミネルヴァ書房。

落合恵恵子　1994 『21世紀家族へ：家族の戦後体制の見かた・超えかた』有斐閣。

小川博久　2013　『保育者養成論』萌文書林。

パーソンズ／ベールズ　2001　『家族』橋爪貞雄訳、黎明書房。

汐見稔幸　1996　『幼児教育産業と子育て』岩波書店。

汐見稔幸ほか　2010　『保育者論：最新保育講座2』ミネルヴァ書房。

汐見稔幸ほか編　2011　『よくわかる教育原理』ミネルヴァ書房。

塩﨑美穂　2012　「保育所機能の拡大と保育者の役割」新保育士養成講座編纂
　　委員会編『保育者論：新保育士養成講座12』全国社会福祉協議会。

津守真　1997　『保育者の地平：私的体験から普遍へ向けて』ミネルヴァ書房。

堤孝晃／丹治恭子　2014　「変化する近代社会の家族・労働・保育：公／私の区
　　別とそのゆらぎに着目して」吉田直哉編『保育原理の新基準』三恵社。

上野千鶴子　2011　『ケアの社会学：当事者主権の福祉社会へ』太田出版。

全国保育団体連絡会・保育研究所編　2017　『保育白書：2017年版』ひとなる書
　　房。

第2章

諸外国・日本の保育制度
―社会変化の中の保育―

　本章では、乳幼児の育ちを支える公的な「保育制度」について取り上げる。近代以降の日本の保育制度は、長らく幼稚園・保育所の二元体制がとられてきた。これらの施設への通園は義務化されてはいないものの、2010年代においても、4〜5歳児の98%が幼稚園または保育所に通園している。しかし、日本では日常の光景となっているこのような乳幼児期の子育てのあり方・仕組みも、他の国々と比較してみると、決して「当たり前」ではなく、一定の社会的背景・特徴をもったものであることがみえてくる。

　本章では、第1節において、諸外国の保育制度を支える社会保障体制、とくに「ケア（福祉）」の担い手に関する考え方を整理すると共に、各国の保育の状況を概観する。さらに第2節では、第二次大戦以後の日本の保育制度の展開を確認した後に、「**認定こども園**」「**子ども・子育て支援新制度**」の導入によって変化の時期を迎えている2010年代の日本の保育制度の方向性について述べる。

Keywords
　幼稚園、保育所、幼保の二元体制、認定こども園、
　子ども・子育て支援新制度、ケア、家族、市場、国家、脱家族化、
　近代家族、家族主義、幼保一元化、保育の必要性

1　諸外国の保育制度：ケアを支える仕組み

　第1章でみたように、近代において乳幼児の子育ては、「私的領域」としての

家族の役割が重視され、乳幼児の「**ケア**（福祉）」は主に「**家族**」によって担われてきた。そして、この「家族」が担うことができない場合の「公的領域」における代替手段が、利潤の追求を目的とした自由競争が行われる「**市場**」、納税を通じて所得の再分配を行う「**国家**」である。例えば、子どもの世話をするための資格が不要で、需要と供給の度合いに合わせて価格も自由に設定することが可能なベビーシッターは「市場」化されたケアの仕組みである。また、施設の基準や保育料等の一定の公的ルールの上で運用され、運営費用の一部として税金が用いられている認可保育所や保育ママ等は「国家」による福祉制度である。こうしたケアを支える仕組みは、その国や社会の状況・子育てに関する考え方に応じて創られ、維持・発展してきた。

　それでは、各国の子育てを支える仕組みにはどのような特徴があるのだろうか。本章では、多様な制度を整理するため、エスピン＝アンデルセン（2000，2001，2011）の「比較福祉レジーム論」の考え方をもとに説明する。

（1）比較福祉レジーム論と各国の子育てに関わる社会的状況

　アンデルセンは、各国の福祉制度を整理する際に、「**脱家族化**」という指標を用いている。この「脱家族化」とは、子育てや介護、介助を家族だけの役割とせず、国家・市場でケア（福祉）を担っていこうとする動きのことであり、「脱家族化」が進行するにつれて、家族の負担は減少することになる。アンデルセンは、この度合いならびに家族外のケア（福祉）の担い手の違いによって、各国の福祉制度を次のような3つのレジーム（体制）に分類している。

保守主義レジーム（体制）　　　…ドイツ、フランス、イタリアなど
自由主義レジーム（体制）　　　…アメリカ・イギリス・オーストラリアなど
社会民主主義レジーム（体制）　…北欧諸国

　この3つを、「脱家族化」の点からみてみると、「保守主義レジーム」は、「**近代家族**」の維持に重きをおく「**家族主義**」が強い一方で、「自由主義レジーム」と「社会民主主義レジーム」では、子育てを家族だけの責任としない「脱家族化」が進んでいる。なお、両者の違いは、「家族」の役割が十分に果たせない場合、「自由主義レジーム」では「市場」にその代替機能を委ね、「社会民主

主義レジーム」は「国家」が積極的に担うという点にある。

　表2-1は、「保守主義レジーム」を代表するドイツ・フランス、「自由主義レジーム」のアメリカ・イギリス、「社会民主主義レジーム」に属するとされるスウェーデン・フィンランドについて、各国の乳幼児の子育てにかかわる政策・社会状況をまとめたものである(なお、以下の各国の説明ならびに表2-1・2-2の内容は、OECD 編(2011)、椋野・藪長編(2012)、泉・汐見・一見編(2008)に基づいている)。

表 2-1）福祉レジームと各国の社会的状況

レジーム	国名	人口	6歳未満人口	合計特殊出生率	女性の労働力率	子どもをもつ女性の労働参加率	一人あたりGDP	社会支出(OECD平均22%)	乳幼児保育サービスへの公的支出額の対GDP比(2004)	子どもの貧困率(OECD平均11.2%)	ひとり親世帯比率(2000)	修学年齢
保守主義	ドイツ	8242万人	423万人	1.34	15～64歳66.1%(うちパート37%)	6歳未満の子どもをもつ女性の42.3%(2004)	2万5900米ドル	GDPの27.4%	0.45%	課税及び所得移転後で10.2%	21.2%	6歳
	フランス	6042万人	450万人	1.89	15～64歳63.7%(うちパート23.6%)(2004)	末子6歳未満の女性の65%(2002)	2万7700米ドル	GDPの28.5%	1.00%	課税及び所得移転後で7.5%	17.1%	6歳
自由主義	アメリカ	2億9300万人	5歳未満人口1980万人	2.07	69.8%(うちパート18.8%)(2004)	6歳未満の子どもをもつ女性の約58%	3万6700米ドル	GDPの15.7%(2005)	0.48%	課税及び所得移転後で21.9%(2005)	26.5%(2001)	一般的には6歳
	イギリス	6020万人	約500万人	1.70	69.6%(うちパート40.4%)(2005)	6歳未満の子どもをもつ女性の57%	2万8000米ドル	GDPの21.8%(2001)	0.50%	課税及び所得移転後で15.4%(2005)	20.7%(2001)	5歳
社会民主主義	スウェーデン	899万人	7歳未満人口42万人	1.71	76.6%(うちパート20.8%)(2005)	3歳未満の子どもをもつ女性の44%がフルタイム、36.2%がパート	2万8100米ドル	GDPの28.9%	1.70%	課税及び所得移転後で4.2%(2005)	23.1%	7歳
	フィンランド	521万人	40万人	1.70	72%(うちパート18.2%)	6歳未満の子どもをもつ女性の49.6%(2005)	2万6500米ドル	GDPの27.1%(2003)	1.30%	課税及び所得移転後で2.8%(2002)	20.0%(2009)	7歳

①　保守主義レジーム

　「保守主義レジーム」に分類されるドイツ・フランスは、性別役割分業を前提とした「近代家族」制度が維持されている点に特徴がある。図2-1をみても、他国と比べて、ドイツ・フランス共に6歳未満児のいる家庭における男性の育児時間が短いという傾向がみられる。とくにドイツはこの傾向が強く、6歳未満の子どもをもつ女性の労働参加率は4割程度であり、他国と比較しても決して高くない。一方、フランスは、人口減少への危機感から少子化対策が充実していることから女性の労働参加率は高いものの、子育てのために働き方の調整をするのは女性の役割とされている。現に、労働時間が選択できる育児休業制度(就業自由選択補足手当)を利用する人の97%、パートタイム労働者の85%が女性である。

図2-1）6歳未満児のいる男女の育児、家事関連時間

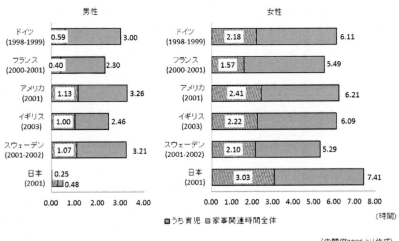

（内閣府2006より作成）

②　自由主義レジーム

　「自由主義レジーム」では出産や育児を、家族の私的領域に属するものとみなすため、政府は家族の内部には介入しないというスタンスをとる（下夷　2000:284）。また、「ワークフェア（**workfare**：勤労（ワーク）と福祉（ウェルフェア）の合成語）」という考え方により、働くことが福祉を受ける条件となっていることが多いため、女性の労働力率が高いのも一つの特徴である。さらに「市場」を重視することから、「国家」はあくまでも「市場」がうまくいかなかったときのための補完的な役割として位置づけられている。したがって、このタイプは、他のレジームと比べても社会保障にかける費用（社会支出）や乳幼児保育サービスへの公的支出額が少なく、子どもの貧困率も高い（なお、「子どもの貧困率」とは、その国や地域の平均的な生活水準と比較して、所得が著しく低い家庭の子どもの割合を算出したものである）。「自己責任」の考え方のもとで、貧困家庭やひとり親家庭などにリスクが集中しやすい状況が生まれている。

③　社会民主主義レジーム

　「社会民主主義レジーム」は、個人の「平等」を重要な理念として掲げ、その実現のために「国家」が果たす役割を重視する、という特徴がある。したがって、

乳幼児期の子育てにおいても、政策の前提となる家族モデルには男女平等な共働き家庭が採用されており、乳幼児保育サービスへの公的支出額が高い。男女の育児・家事時間の差はスウェーデンが最も少ないという図2-1の結果からも、男女平等主義の考え方が読み取れるだろう。

　なお、スウェーデン・フィンランドにおいて、女性の労働率が7割以上の高い値を示しているにもかかわらず、6歳未満の子どもをもつ女性の参加率が低くなるのは、労働と子育てとを両立するための支援策として、3年間の育児休暇制度が整備されているためである。

（2）福祉体制別にみた各国の保育制度

　各国の乳幼児の子育てをめぐる社会状況は、ケアの担い手として「家族」「市場」「国家」のいずれを重視するかによって異なってくることが確認できた。それでは、各国の保育制度はどのような特徴をもっているのだろうか。以下、各国の施設保育に関する制度をまとめた表2-2をもとに、各国の状況を概観していこう。

表 2-2）福祉レジームと各国の保育制度

	国名	保育サービスの所管	年齢	施設型保育サービス サービスの種類	利用時間	利用料	利用率	備考
保守主義	ドイツ	家族高齢者女性青少年連邦省	0～3歳児	施設型保育所	州により異なる	コストの約14%（但し、地方・収入によって異なる）	整備率(定員)8.6%（旧西ドイツ2.8%、旧東ドイツ36.9%(2002)）	統一前、旧東ドイツと旧西ドイツで保育サービスが大きく異なっており、現在でもその名残が見られる（旧東ドイツは全日制が多く、定員が多い。旧西ドイツは半日制保育が多く、定員が少ない）。
			3～6歳児	幼稚園	州により異なる		整備率(定員)約90%	
	フランス	労働・雇用・保健省	0～3歳児	保育所		コストの約27%	3歳未満児の8%	親に世話をされている子ども64%、施設保育以外に家庭的保育（自宅で毎日1～3名の子どもの世話をする、養成やプログラム整備に関する財政的支援は制度化せず）の利用率が0～3歳児の18%
		青少年国家教育研究省	3～5歳	幼児学校（エコールマテルネル）	週4日24時間	無償	3～5歳児のほぼ100%／2歳児利用率35%	学校が休みの日・休暇期間などに「非宿泊型余暇センター」が預かり保育を実施。3～6歳児人口約13%を受け入れ
自由主義	アメリカ	各州	0～5歳児、5歳児	保育所（デイケア）、ナーサリー、プレスクール	各サービスにより異なる	コストの約60%（低所得家庭の支払は平均18%程度）	約38%	施設型保育サービス・家庭的保育はほぼ民営。施設型保育サービスの3分の2が非営利、残り3分の1が営利の施設だが、大半が認可を受けている。
		各州	3～5歳児	5歳児対象の幼稚園（キンダーガーテン）、3・4歳児対象のプレキンダーガーテン	半日制または全日制	無償	56.4%（5歳児90%、4歳児16.1%、3歳3%）	キンダーガーテンは、アメリカでは公教育の1年目とされている。
	イギリス	教育技能省	0～5歳児、3～5歳児	保育所（チャイルドケア）、幼稚園（ナーサリースクール）	各サービスにより異なる	コストの45%（利用サービス・所得により異なる。低所得層では最大80%まで公費負担）	3歳未満児の約20%、1～3歳の約30%	チャイルドケア型事業の設置運営主体の3分の2が教会または非営利団体、残り3分の1が個人または企業。
			3・4歳児	ナーサリークラス	1日2時間半、週5日、年33週のみ	無償	4歳児の98%	小学校に併設された幼児教育クラス。3歳児は遊び中心、4歳児はクラスに分かれて学習する。
社会民主主義	スウェーデン	教育科学省	1～6歳児	プリスクール	年間を通じて毎日	コストの約9%	1～2歳児45%、2～3歳児86%、3～4歳児91%、5～6歳児96%	出産休暇システムの充実により、18ヶ月未満のほぼすべての子どもは家庭で親の養育を受けている。子どもは1歳からプリスクールに籍を置く権利がある。
			6～7歳児	プリスクールクラス			6～7歳児の91%（他の7%は義務教育の基礎学校）	小学校への移行をスムーズにするために設置。プリスクールクラス以外の時間は余暇時間施設（学童保育）を利用することが可能。
	フィンランド	社会保健省	1～6歳児	デイケア	年間を通じて全日制	コストの約15%	デイケア・家庭的保育を併せた利用率＝1～2歳児27.5%、2～3歳児43.9%、3～4歳児68.5%、5～6歳児73%	出産育児休暇システムの充実により、0～1歳児のほぼすべての子どもは家庭で親の養育を受けている。
		教育省	6～7歳児	プリスクール	学校の学期中、一日4時間	無償	6～7歳児ほぼ100%（うち70%がデイケアにも通う）	プリスクール以外の時間はデイケアを利用することが可能

①　保守主義

・　ドイツ

ドイツでは男女性別役割分業に基づいた「近代家族」を前提とする「家族主義」の考え方が根づいており、乳幼児の子育ては家族や親族、知人といった個人の私的なつながりによって支えられるべきとの規範が共有されている。こうした考え方はとくに、1990年の東西ドイツ統一以前からある旧西ドイツの州において強く、この地域で育児休業を取得したり、フルタイムからパートタイムへと働き方を変更したりするのは、ほとんどが女性である。

ドイツの保育施設は、0〜3歳児のための保育サービスである保育所と3〜6歳児のための幼稚園があり、年齢によって区分されている。なかでも旧西ドイツでは、午前のみの半日制の幼稚園や小学校が多かったことから、乳幼児を育てている母親がフルタイムで働き続けることは困難な状況があった。一方、旧東ドイツの地域は、社会主義体制の下、育児休暇政策や保育サービスが充実していた名残から、2000年代においても子どもの3分の1以上が保育所に通っている。このように、子育てに対する考え方の違いから、ドイツ国内においても保育サービスの利用しやすさに差が生じている。

1990年代以降は、女性の高学歴化や男女平等主義への考え方が広まったことで、育児手当や育児休業制度は整えられつつあるが、表に示した通り、施設型保育所の整備率は8％であり、保育サービスの充実が急務とされている。

・　フランス

フランスもドイツと同様、家族や地域の役割を重視する保守的な考え方が基盤にあり、男女の性別役割分業意識が残っている。公的な保育制度としては、0〜3歳児は保育所、3〜5歳児は幼児学校という年齢によって異なる保育施設が用意されてはいるが、表2-2に示した通り、保育所の利用率は3歳未満児の8％であり、3歳未満児の6割以上の子どもが家庭で親に世話をされている。

フランスの特徴の一つに、合計特殊出生率の高さが挙げられる。1994年に1.66まで低下していた合計特殊出生率は、2000年代後半には2.0前後にまで回復した。これは、少子化に対する強い危機感が生まれた1970年代から、

子どもの多い家庭に有利になるような税制の改正、家族手当、保育サービスや育児休業などの充実に取り組んだ成果であるといわれている。

　現に、少子化対策として取り組まれた幼児学校の無償化によって、仕事と育児の両立がしやすくはなってはいるものの、0〜3歳未満児の預け先は慢性的に不足しており、一部の女性にとっては育児休業明けの職場復帰が困難な状況がある。また、3歳未満児の子育てを理由に退職する女性の約半数が、「できるなら仕事を継続したい」と考えている、というデータもある。ドイツ・フランス共に保育サービスの不足が課題となっているが、ここには、女性の社会進出という現実の進行と「家族主義」的な子育て観との隔たりが表れている。

②　自由主義

・　アメリカ

　アメリカは、原則として個人の生活に国家や政府は干渉せず、自己責任・自助（セルフヘルプ）を重視している。したがって、乳幼児と家族に関する施策においても、子育てはそれぞれの家族や個人の責任において行うべきものであり、基本的に福祉制度等を通じた国家の介入はしない、という立場をとっている。そのため、国家レベルの子ども政策や家族政策を司る省庁が存在せず、各州政府が保育施設の認可基準を設定している。そのため、アメリカの保育制度は、施設の名称、内容、時間等が多様であり、多元化したシステムとなっている。

　施設型保育は、0〜5歳児を対象とした保育所（デイケア）と3〜5歳児の幼児教育・保育施設（ナーサリー、プレスクール）、他には、5歳児を対象とした公教育の一部としての幼稚園（キンダーガーテン）、3・4歳児を対象とする幼稚園の準備段階にあたるプレ幼稚園（プレキンダーガーテン）がある。「市場」主義的な側面の強いアメリカでは、0〜5歳児を対象とした保育サービスの大半が民営であり、保護者はサービスの利用にあたって、保育費用の約6割を負担している。これは他の国々と比べても、重い負担となっている。

・　イギリス

　イギリスでは、20世紀の後半に至るまで、子どものケアは家族（母親）の責任によってなされるべきとの規範が強く、女性の雇用や保育の環境整備といっ

た施策はほとんど実施されなかった。そのため、1990年代後半に至るまで、共稼ぎ家庭を想定した公的な保育所はほぼ存在せず、裕福な層だけが利用できる保育料の高額な私立の保育所が一部あるのみであった。1990年代後半の労働党政権によって、すべての子どもが利用できるような保育サービスの充実が図られると同時に、貧困・虐待・障害といった社会的排除を受けやすい家族・子どもに対する支援が集中的に取り組まれた。その結果、1995年に32.9％であった子どもの貧困率は、2005年には15.4％へと激減している。

　施設型保育は、0〜5歳児を対象とした保育所（チャイルドケア）と、3〜5歳児を対象とした幼稚園（ナーサリースクール）、3・4歳児を小学校に受け入れ、無償で就学前教育を行うナーサリークラスがある。なお、保育所型事業の設置運営主体の3分の2が教会または非営利団体、残り3分の1が個人または企業であり、ここに「市場」を重視する「自由主義レジーム」の特徴がみられる。また、こうした民間型施設保育は、保護者の負担割合が高いことから、適度な価格の家庭的保育サービスである「チャイルドマインダー」が多く利用されている。

③　社会民主主義

・　スウェーデン

　「社会民主主義レジーム」では、社会保障を受ける権利の基礎は個人にあるという基本的考え方から、所得に関わらず誰もが同じ権利をもち、同じ給付を受けるという「普遍主義」を採用している。したがって、「家族」や「市場」が福祉に果たす役割は小さく、「国家」が中心的な役割を担っている。スウェーデンが「高福祉・高負担の国」といわれるのも、生活上のリスクを社会的な制度でカバーするため、社会支出の水準が高く、国民の納税負担の割合も高いためである。

　スウェーデンでは、1970年代、急激な経済成長のもとで既婚女性の社会進出が進み、保育所増設が急務となった。この時期に政府は、男女が共に職業生活と家庭生活とを両立させるという男女平等主義の考え方から、「2人ブレッドウィナー（「ブレッド＝パン」「ウィナー＝勝ち取る人」の意から、稼ぎ頭・大黒柱を表す）・モデル」を基盤に据えた政策を展開し、以降、保育サービスの充実を図っている。

　スウェーデンの保育施設は、1〜6歳児を対象としたプリスクールと、6〜7歳

児を対象としたプリスクールクラスに分けられる。プリスクールは、年間を通じて休みなく開かれており、保護者の保育費用負担は約9%と、他国と比べても軽い。利用率は、1〜2歳児45%、2〜3歳児86%、3〜4歳児91%、5〜6歳児96%であるが、低年齢児の利用率が低いのは、出産育児休業システムの充実により、18ヶ月未満のほぼすべての子どもは家庭で親による養育を受けているためである。また、小学校への移行をスムーズにするために設置されたプリスクールクラスには、6〜7歳児の91%が通っている。こうした保育サービスが可能になった背後は、伝統的な家族像にこだわらない、「個人」を単位とした平等を求める理念が存在している。

・ フィンランド

　フィンランドの女性労働力率は7割強であり、6歳未満の子どものいる女性に限っても、約50%となっている。保育・幼児教育サービスはこうした保護者の就労を前提として設計されている。施設型保育としては、1〜6歳児を対象としたデイケアが用意されているが、スウェーデンと同様、出産育児休暇システムの充実により、0〜1歳児のほぼすべての子どもは家庭で親による養育を受けており、乳児段階の利用率は高くない。また、6〜7歳児を対象としたプリスクールは、学校の学期中に一日4時間、無償で開かれており、6〜7歳児のほぼ100%が利用している。また、プリスクール以外の時間はデイケアを利用することが可能であり、プリスクール利用者の70%がデイケアにも通っている。

　また、フィンランドは、OECD が実施した学習到達度調査（PISA）において継続して高い成績を修めていることから、世界的に注目されている。就学前教育を含めフィンランドの教育制度では、子どもたちの学力を確保する責任は公的なサービスが担っており、各家庭での教育によって肩代わりさせようとする考え方は存在していない。保育のみならず教育政策においても徹底して、「家族」より「国家」の役割が重視されているのである。

　さらに、フィンランドの特徴として挙げられるのは、保育・幼児教育サービスの利用を子どもの主体的権利とし、その保障のために保育・幼児教育サービス体系を作り上げていることである。保育政策においては、保守主義レジーム・自由主義レジームでみたように、保育システムにおいては「家族」が支援の対象となるケースが多いが、フィンランドの施策からは、子どもを支援の対象である「個

人」とみなす新たな視点が読み取れる。

　本節では、アンデルセンの「比較福祉レジーム」の分類をもとに、各国で行われている保育サービスの特徴について概観してきた。ドイツ・フランスなどの「保守主義レジーム」では、男女性別役割分業に基づく伝統的な「家族主義」的な考え方が根付いており、結果として、保育サービスの不足や女性の就労選択の不自由さといった問題が生じていた。また、「自由主義レジーム」に分類されるアメリカ・イギリスでは、家族主義の影響もみられたものの、それ以上に「自己責任」や「自助」といった考え方が強いことから、保育サービスにおける保護者の負担割合が高く、サービス自体が量的に不足していた。さらに、子どもの貧困率が高く、格差の拡大も課題とされていた。北欧諸国が属するとされる「社会民主主義レジーム」では、スウェーデン・フィンランドにおいて、高負担・高福祉の考え方に基づく社会システムが設計され、「国家」が非常に大きな役割を果たしていた。また、その背後には、子育ての支援の対象を「家族」ではなく、「個人」とみなす新たな視点があることが確認できた。

　本節でみてきたように、乳幼児の子育てのあり方には、「国家」や「市場」といった人々の生活を支える仕組みが大きな影響力をもっており、各国・各レジームの保育サービスの違いの背後には、子育ての場・担い手としての「家族」に対する想定の違いが存在していた。普段「当たり前」とみなしている日本の保育の風景も絶対的なものではなく、基盤となる考え方によって別なる姿にもなりうるのである。

2　日本の保育制度

　「保育」という営みは、「Early Childhood Education and Care」と表現されるように、乳幼児に対する「**教育**」と「ケア（福祉）」の二つの側面をもっている。これは、乳幼児期の「子ども」のもつ二重の意味に対応している。乳幼児は、将来の国家・社会を支える人材であると同時に、生活全般にわたって他者のサポートを必要とする存在でもある。したがって、乳幼児期の子育てには、「教育」と一人ひとりの子どもの命や生活を支える「ケア（福祉）」が同時に求められることになる。

こうした保育の二つの側面は、明治期からの日本の保育制度である、「教育」機関である幼稚園、「児童福祉」施設としての保育所という二元体制、ならびに2006年に設立された教育・保育の機能を併せもつ「認定こども園」という制度においてもみられる。これらの乳幼児施設の機能・側面を踏まえ、本節では第1項で第二次大戦以降の保育制度について概説し、第2項で、2015年度より導入された「子ども・子育て支援新制度」にみられる変化の兆候を指摘したい。

（1）戦後日本の保育制度——幼稚園・保育所と認定こども園
①　幼稚園と保育所の二元体制

　　現代日本の就学前保育施設である幼稚園・保育所という2つの施設は、「近代家族」の成立を基盤として、定着・発展してきた。このことを考えるために、まず表2-3をもとに、幼稚園と保育所の違いをみてみよう。

表2-3）幼稚園・保育所と幼保連携型認定こども園の制度的相違

区分	保育所	幼稚園	幼保連携型認定こども園
根拠法律	児童福祉法第39条 （1947（昭和22）年12月公布）	学校教育法第22～28条 （1947（昭和22）年3月公布）	就学前の子どもに関する教育、保育等の総合的な提供の推進に関する法律 （2006（平成18）年6月公布）
所管	厚生労働省・市町村	文部科学省　国立：文部科学省 公立：教育委員会 私立：都道府県	内閣府・都道府県
設置者	地方公共団体（主として市町村）、社会福祉法人、その他法人、個人	国・地方公共団体（主として市町村）、学校法人、その他法人、個人	国、地方公共団体、社会福祉法人、学校法人
目的	保育を必要とする乳児・幼児を日々保護者の下から通わせて保育を行うことを目的とする施設（利用定員が二十人以上であるものに限り、幼保連携型認定こども園を除く。）とする。（児童福祉法 第39条）	義務教育及びその後の教育の基礎を培うものとして、幼児を保育し、適当な環境を与えて、その心身の発達を助長すること（学校教育法 第22条）	義務教育及びその後の教育の基礎を培うものとしての満三歳以上の子どもに対する教育並びに保育を必要とする子どもに対する保育を一体的に行い、これらの子どもの健やかな成長が図られるよう適当な環境を与えて、その心身の発達を助長するとともに、保護者に対する子育ての支援を行うこと（就学前の子どもに関する教育、保育等の総合的な提供の推進に関する法律 第2条の7）
入所条件	市町村が、保護者の労働又は疾病などの理由で、その看護すべき乳児・幼児が保育に欠けるその他の児童）の保育の必要があると認めるとき。（児童福祉法 第39条） （2015年児童福祉法改正以前は「日日保護者の委託を受けて、保育に欠けるその乳児または幼児（必要に応じその他の児童）を保育する」。） 私的契約（定員内）	保護者が幼児の保育を希望するもの。	満三歳以上の子ども及び満三歳未満の保育を必要とする子ども
対象年齢	乳児・幼児（必要に応じその他の児童）	3歳以上小学校入学までの幼児	小学校就学の始期に達するまでの者
入所の時期	保育を必要とする状況が発生したとき	学年の始め（4月）	
退所の時期	保育を必要とする状況が消滅したとき	学年の終わり（3月）	
保育時間	一日8時間を原則 延長保育、夜間保育、休日保育も実施	一日4時間を標準 毎学年の教育週数は、特別の事情がある場合を除き、39週を下ってはならない（学校教育法施行規則 第37条）	一日11時間開園、土曜日開園を原則
休園日等	日曜、国民の祝日、年末年始の休暇日（12月29日から翌年1月3日）	左記以外に春期、夏期、冬期の長期にわたる休日を随時実施	

34

保育内容の基準	養護及び教育を一体的に行うことをその特性とし、その内容については厚生労働大臣が定める方針に従う（児童福祉施設の設備及び運営に関する基準 第35条） 保育所保育指針	教育課程の基準として文部科学大臣が公示する幼稚園教育要領による教育課程編成の5領域（健康、人間関係、環境、言葉、表現） 幼稚園教育要領	幼保連携型認定こども園教育・保育要領
給食	3歳未満は主食・副食を給し、3歳以上は副食を給す	各園が任意に行う	2号・3号認定の子どもに対する食事の提供義務あり。自園調理が原則、調理室の設置義務あり
保育者の資格	児童福祉法施行令による保育士資格証明書	教育職員免許法による幼稚園教諭の免許を有するもの。専修免許状・1種免許状・2種免許状	保育教諭（幼稚園教諭＋保育士） ※一定の経過措置あり
職員（必置）	保育士、嘱託医、調理員	園長、教諭、学校医	園長、保育教諭、学校医、学校歯科医、学校薬剤師、調理員
職員（その他）	所長、栄養士、用務員	養護教諭、事務職員	副園長、教頭、主幹保育教諭、指導保育教諭等
保育者一人につき受けもつ子どもの数	0歳児　3:1 1、2歳児　6:1 3歳児　20:1 4、5歳児　30:1	一学級の幼児数は35人以下を原則	・0歳～3歳未満児…保育所と同じ配置 ・3歳～5歳児…おおむね子ども20人～35人に1人 1学級35人以下を原則
備えられなければならない施設・設備	乳児または満2歳に満たない幼児を入所させる保育所： 乳児室またはほふく室、医務室、調理室、便所 満2歳以上の幼児を入所させる保育所： 保育室または遊戯室、屋外遊戯場（保育所の付近にある屋外遊戯場に代わるべき場所）、調理室、便所 保育に必要な用具を備えること（児童福祉施設の設備及び運営に関する基準）	職員室、保育室、遊戯室、保健室、便所、飲料水用設備、手洗用設備、足洗用設備 ＜備えるよう努めなければならない施設・設備＞ 放送聴取設備、映写設備、水遊び場、幼児洗浄用設備、給食施設、図書室、会議室 園舎は原則2階建て以下、運動場 必要な種類及び数の園具、教具を備えなければならない（幼稚園設置基準）	各都道府県の条例による
小学校との関連	子どもに関する情報共有に関して、保育所に入所している子どもの就学に際し、市町村の支援の下に、子どもの育ちを支えるための資料が保育所から小学校へ送付されるようにすること。（保育所保育指針 第2章）	園長は、幼児が小学校に入学した場合幼稚園幼児指導要録の抄本を入学先の校長に送付しなければならない。（学校教育法施行規則 第12条の3）	園長は、園児が進学した場合においては、その作成に係る当該園児の指導要録の抄本又は写しを作成し、これを進学先の校長に送付しなければならない。（就学前の子どもに関する教育、保育等の総合的な提供の推進に関する法律施行規則 第30条の2）

（上野編（2000）を一部加筆・修正）

　　両者の性質の違いは、まずその目的に表れている。保育所は、児童福祉法の第39条に、「保育を必要とする乳児・幼児を日々保護者の下から通わせて保育を行うことを目的とする」と定められている。その一方で幼稚園は、学校教育法第22条に、「義務教育及びその後の教育の基礎を培うものとして、幼児を保育し、幼児の健やかな成長のために適当な環境を与えて、その心身の発達を助長することを目的とする」と記されている。ここからは、幼稚園は学校教育へとつながる幼児教育施設、保育所は、保育を必要とする乳幼児を保育する施設という性質の違いがみられる。

　　この「保育を必要とする」という表現は、子ども・子育て支援法施行規則第1条に書かれているように、児童の保護者が、昼間労働していることや病気の療養、親族の介護等の理由で、子どもの面倒がみられない状態のことを指している。つまり、保育所は、あくまでも日中に子どもの面倒をみる保護者がいない家庭の子どもを対象とした施設なのである。

　　現に、こうした各施設の性質は、保育の対象者や実施時間にも表れている。幼児の「教育」を主たる目的とする幼稚園は、「満3歳から小学校の始期に達

するまでの幼児」(学校教育法第26条)を対象としている。1日の教育時間を「4時間を標準とする」(幼稚園教育要領)と定めており、長期休暇も設けられている。その一方で、保護者の「就労支援」の役割をもつ保育所は、0歳から5歳児を対象とし、保育時間を「原則として1日8時間」(児童福祉施設の設備及び運営に関する基準第34条)と定めた上で、長期休暇は設けず、日曜祝日を除いてほぼ毎日保育を実施している。

　これらの幼稚園・保育所の性質を踏まえてみると、幼稚園に通わせることができるのは、原則として家庭で子どもの面倒をみることのできる保護者のいる家庭のみであることがわかる。これは、第3章で詳述されるように、新中間層の教育目的で始まった幼稚園と福祉目的で始まった保育所という起こりの違いに由来する対照的な相違であるといえるだろう。そして、この面倒をみることができる保護者という存在こそ、第1章の「近代家族」における「専業主婦」という役割であった。幼稚園と保育所は、前者が家族の中の母親がもつ教育という側面を主に担うのに対し、保育所は教育と共に生活全般の養護・保育を担うという性格が強い。

　こうした性質の違いは、両施設の規模の推移からも読み取れる。図2-2 は、幼稚園・保育所の施設数と、それぞれに在籍する子どもの人数をグラフ化したものである。これをみると、子どもの数の伸びに違いがあることがわかる。ほぼ同数で推移していた幼稚園と保育所の児童数は、1956年以降1960年代にかけて幼稚園児童数の伸び率が高くなり、徐々に数が開き始めている。「サラリーマン／専業主婦」という日本型の「近代家族」モデルが浸透してくい中で、両施設の普及率に開きが生じてくるのである。

　しかしその後、幼稚園児童数は1978年に頭打ちとなり、また減少を始める。保育所児童数も同様に減少するとはいえ、幼稚園児童数に比べその傾向は緩やかであったが、1995年からは増加に転じ、1999年には両者が逆転している。これは、女性の就労や共働き家庭が増加すると共に、少子化対策としての施策が充実することによって、保育所の利用者は増え、幼稚園の利用者は減少するようになったことを示している。

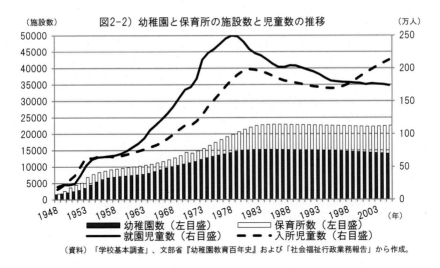

図2-2）幼稚園と保育所の施設数と児童数の推移

（資料）「学校基本調査」、文部省『幼稚園教育百年史』および「社会福祉行政業務報告」から作成。

②　二元体制のゆらぎ──認定こども園と子ども・子育て支援新制度

　以上のような性格をもちながら推移してきた幼稚園・保育所は、家族の変動が本格化する1990年代以降、さらに大きくその姿を変えている。例えば幼稚園は、従来満3歳になった後の4月を待って入園することが通例であったが、満3歳の誕生日からの入園を認めるいわゆる「満3歳児入園」が制度化された。また、幼稚園も保育所も、少子化対策としての子育て支援施策を受けて、教育課程時間外の預かり保育や延長保育、地域の子育て家庭に対する支援活動に取り組むようになった。いわば、両者はともに、新たな活動に取り組むことを通じて、従来の枠を超えた機能の拡大を進めたのである（丹治　2006）。さらに、この**機能拡大**によって、幼稚園と保育所が果たす機能が近づき、「**幼保一元化**」へとつながるという道筋も示された。2006年10月からは、「就学前の子どもに幼児教育・保育を提供する機能（保護者が働いている、いないにかかわらず受け入れて、教育・保育を一体的に行う機能）」「地域における子育て支援を行う機能」の2つの機能を備えた幼稚園・保育所を「認定こども園」として認定する制度が開始されている。これらの動きは、従来の幼稚園・保育所の二元体制のゆらぎの象徴として捉えられる。

　加えて2012年8月には、「子ども・子育て支援法」「改正認定こども園法」・「関係法律の整備法」からなる「子ども・子育て関連3法」が制定され、2015

年度からは「子ども・子育て支援新制度」が導入された。これは、上述したような少子化を背景に、子育て支援の量的・質的な不足や幼稚園／保育所の二元体制（縦割り行政）を克服するために、「認定こども園」を本格実施すると共に、総合的な子育て支援の充実を狙いとしたものであるとされている。

　なお、この認定こども園には、幼保連携型、幼稚園型、保育所型、地方裁量型の4つのタイプがあり、なかでも、幼保連携型の認定こども園については、2015年度から幼稚園・保育所とは異なる全く新しい単一の施設として認められたため、教育・保育は「幼保連携型認定こども園教育・保育要領」を踏まえて実施すること、保育士資格と幼稚園教諭免許の両方をもつ「保育教諭」を配置することが定められている。2006年の開始時には、幼稚園部分については文科省が、保育所部分については厚労省が管轄していたが、2015年度からは、内閣府子ども・子育て本部で一元的に管理することとなった（表2-3参照）。また、認定こども園では、3歳以上児のクラスにおいて、従来の幼稚園入園者にあたる教育時間4時間の子どもと、従来の保育所入所者にあたる8〜11時間の保育を必要とする子どもを一緒に教育・保育することになるため、教育・保育や午睡等の時間設定が各園における課題となっている。

（2）「子ども・子育て支援新制度」からみえるもの

　2015年度より新たな保育の仕組みとして導入された「子ども・子育て支援新制度」からは、従来の子育てをめぐる変化のきざしが読み取れる。この仕組みは、二つの意味でこれまでの制度とは大きく異なっている。その一つが、「親（保護者）」という子育ての担い手の変化、もう一つが、教育・ケアを受ける「子ども」の位置づけの変化である。

① 「親（保護者）」——子育ての担い手の変化

　まず、子育ての中心的な担い手である「親（保護者）」をめぐる変容からみていこう。「子ども・子育て支援新制度」の中でもとくに、保育料については、従来の「家族主義」的な考え方からの変化がみられる。従来、保育所は保護者の就労支援・児童福祉の観点から「応能負担（所得に応じて保育料を定める）」方式が採られていた一方、幼稚園は保護者の希望に基づく教育施設という位置づけから、家計の状況に関わらず一律の保育料を徴収する「応益負担

（所得に関わらず、受けたサービスの内容に応じて料金を支払う）」方式をとってきた。しかし、「子ども・子育て支援新制度」においては、保護者の負担する保育料が、（一部の私立幼稚園を除いて）家庭の所得に応じて負担額が変わる「応能負担」方式に変更された。この取り組みからは、子育ての負担を家族が負うべきとする従来の考え方の変化が読み取れる。

　また、「**保育の必要性**」認定の際には、従来は「保育に欠ける」事由を保護者が満たし、かつ、同居の親族等が当該児童の世話をすることが不可能であることを証明しない限り、公的な保育を受けることができなかった（図2-3参照）。しかし、「子ども・子育て支援新制度」では、同居の親族等が子どもの世話が可能である場合も、状況に応じて「保育の必要性」が認定され、公的保育を受けることが可能となった（前田 2014、内閣府 2014）。これは、乳幼児の子育ての中心的な「担い手」を同居親族も含めた「家族」から親・保護者へと縮小する代わりに、公的な支援の範囲を拡大する動きとみることができる。さらに、この「保育の必要性」認定では、かつては「保育に欠ける」事由として認められてこなかったパートタイムや夜間の就労、求職活動や就学、虐待の可能性も事由に含められると共に、「育児休業取得時に、既に保育を利用している子どもがいて継続利用が必要であること」というように、子育て当事者の経験やニーズを踏まえた事由も認められるようになっている。ここには、乳幼児の子育てにおける公的な役割を拡大する方向性が示されている。

②　「子ども」――子どもの位置づけの変化

　「子ども・子育て支援新制度」におけるもう一つの大きな変化が、「子ども」の位置づけである。図2-3に示したように、従来の制度では、認可保育所に入所するためには「保育に欠ける」いずれかの事由に該当することが必要であり、家族または同居の親族による子育てが不可能な場合のみ入所が認められるとされてきた。

　しかし、「子ども・子育て支援新制度」においては、認定こども園・幼稚園（一部の私立幼稚園を除く）・保育所に入所する際には、保護者の状況に関わらず、すべての子どもが以下に挙げる1号から3号のいずれかの「保育の必要性」の認定を受けることとなる。

図2-3）　「保育に欠ける」事由と「保育の必要性」の事由の内容比較

現行の「保育に欠ける」事由 （児童福祉法施行令27条）	新制度における「保育の必要性」の事由
○以下のいずれかの事由に該当し、かつ、同居の親族その他の者が当該児童を保育することができないと認められること ①昼間労働することを常態としていること（就労） ②妊娠中であるか又は出産後間がないこと（妊娠、出産） ③疾病にかかり、若しくは負傷し、又は精神若しくは身体に障害を有していること（保護者の疾病・障害） ④同居の親族を常時介護していること。（同居親族の介護） ⑤震災、風水害、火災その他の災害の復旧に当たっていること（災害復旧） ⑥前各号に類する状態にあること。（その他）	○以下のいずれかの事由に該当すること ※同居の親族その他の者が当該児童を保育することができる場合、その優先度を調整することが可能 ①就労 ・フルタイムのほか、パートタイム、夜間など基本的にすべての就労に対応（一時預かりで対応可能な短時間の就労は除く） ・居宅内の労働（自営業、在宅勤務等）を含む ②妊娠、出産 ③保護者の疾病、障害 ④同居又は長期入院等している親族の介護・看護 ・兄弟姉妹の小児慢性疾患に伴う看護など、同居又は長期入院・入所している親族の常時の介護、看護 ⑤災害復旧 ⑥求職活動 ・起業準備を含む ⑦就学 ・職業訓練校等における職業訓練を含む ⑧虐待やDVのおそれがあること ⑨育児休業取得時に、既に保育を利用している子どもがいて継続利用が必要であること ⑩その他、上記に類する状態として市町村が認める場合

（内閣府　2014:14 より抜粋）

1号認定…専業主婦家庭など保育を必要としない家庭の満3歳以上の子どもに提供する幼児教育

2号認定…保護者の就労等により保育を必要とする満3歳以上の子どもに提供する保育

3号認定…保護者の就労等により保育を必要とする満3歳未満の子どもに提供する保育

　上記の仕組みはすべての子どもを対象にしていること、ならびに「保育の必要性」という表現を用いていることから、「子ども」にとっての保育の必要度が保育実施の基準となっていることが読み取れる。なお、この「保育の必要性」の認定の仕組みは、当事者のニーズによって介護度を判定する「介護保険制度」をモデルとした事業といわれている（保育研究所編　2014:11）。認定にあたっての基準は従来通り保護者の状況が用いられていることから、子育ての中心的な役割を親とする考え方は引き継がれているものの、新たに示された「子ども」

を対象とした認定基準からは、乳幼児期の子育てに対する考え方がわずかながらも変化しつつある様子がうかがえる。

3　保育を捉える視点

　本章では、保育の現状と課題について、国外と国内の状況を概観してきた。諸外国の保育制度をみてみると、「家族主義」を重視するドイツやフランスでは、「子育ては母親の役割」とする認識が定着しており、保育施設の充実が求められていた。また、アメリカやイギリスといった「自己責任」の考え方を重視し、「市場」にケア（福祉）を託す国々では、保育施設自体の不足と共に、その負担の高さが問題視されていた。一方、家族主義を脱した北欧の国々においては、育児休暇が充実することによって、女性にとって「子どもを育てる」ということ自体が選択の対象となっていた。また、日本の保育制度の姿からは、その基盤にある「家族」や「保護者」の役割の変化が窺えた。

　第1章、第2章を通じてみえてきたのは、乳幼児期の子育てと「家族」とに深い結びつきがあること、その一方で、「誰が子育てを担うのか」という問いに対する「答え」が、時代や場所によって変化する様子であった。

　各国が取り組んできた、そして今なお取り組んでいる「誰が子育てを担うのか／担うべきなのか」という問いは、「保育」という営みを根源的に支えるものである。そしてそれはおそらく、「正解」のない問いでもある。しかし、この問いの答えの一つは、読者ひとりひとりの中にみつけられるはずである。あなた自身の答えはどのようなもので、なぜそう言えるのか。さまざまな考え方との比較を通じて、自分自身の答えをみつけてほしい。

（丹治恭子）

参考文献

エスピン-アンデルセン　2000　『ポスト工業経済の社会的基礎：市場・福祉国家・家族の政治経済学』渡辺雅男／渡辺景子訳、桜井書店。

───　2001　『福祉資本主義の三つの世界』岡沢憲芙／宮本太郎訳、ミネルヴァ書房。

——— 2011 『平等と効率の福祉革命：新しい女性の役割』大沢真理監訳、岩波
　　書店。

普光院亜紀　2012 『日本の保育はどうなる：幼保一体化と「こども園」への展望』岩
　　波書店。

保育研究所編　2014 『これでわかる！　子ども・子育て支援新制度：制度理解と対
　　応のポイント』ちいさいなかま社。

泉千勢／汐見稔幸／一見真理子編　2008 『世界の幼児教育・保育改革と学力』
　　明石書店。

前田正子　2014 『みんなでつくる子ども・子育て支援新制度』ミネルヴァ書房。

牧野カツコ／船橋惠子／中野洋恵／渡辺秀樹　2010 『国際比較にみる世界の家
　　族と子育て』ミネルヴァ書房。

椋野美智子／藪長千乃編　2012 『世界の保育保障：幼保一体改革への示唆』法
　　律文化社。

中山徹／杉山隆一／保育行財政研究会編　2012 『テッテイ解明！　子ども・子育
　　て支援の新制度：今考えること、取り組むこと』自治体研究社。

日本保育学会編　1997 『諸外国における保育の現状と課題』世界文化社。

OECD編　2011 『OECD保育白書：人生の始まりこそ力強く：乳幼児期の教育と
　　ケア（ECEC）の国際比較』星三和子／首藤美香子／大和洋子／一見真理子
　　訳、明石書店。

下夷美幸　2000 「『子育て支援』の現状と論理」藤崎宏子編『親と子：交錯するライ
　　フコース』ミネルヴァ書房。

武川正吾／金淵明編　2005 『韓国の福祉国家・日本の福祉国家』東信堂。

丹治恭子　2006 「幼稚園・保育所の機能拡大と幼保一元化：機関を対象とした質
　　問紙調査をもとに」『保育学研究』44(2)。

——— 2009a 「リスクとしての子育て：育児の『脱-家族化』をめぐって」リスク共有
　　型共生社会研究会編『リスク社会化環境における共生社会論：問題系の確認と
　　展開』。

——— 2009b 「幼稚園・保育所の『制度的一元化』への志向性：2000年代に
　　おける「機能拡大」との関連から」『子ども社会研究』15。

堤孝晃／丹治恭子　2012 「変化する近代社会の家族・労働・保育：公／私の区
　　別とそのゆらぎに着目して」吉田直哉編著『保育学の遠近法』三恵社。

上野千鶴子　2011　『ケアの社会学：当事者主権の福祉社会へ』太田出版。

上野恭裕編　2000　『現代保育原理』三晃出版。

ワイカート　2015　『幼児教育への国際的視座(ユネスコ国際教育政策叢書)』浜野隆
　　訳、東信堂。

横山文野　2002　『戦後日本の女性政策』勁草書房。

全国保育団体連絡会・保育研究所編　2015　『保育白書：2015年版』ちいさいなか
　　ま社。

全国認定こども園協会編著　2013　『認定こども園の未来：幼保を超えて』フレーベル
　　館。

資料等(特定の年号がないものは、複数年の時系列データを使用)

厚生労働省「社会福祉行政業務報告」。

内閣府　2006　『少子化社会白書〈平成18年版〉：新しい少子化対策の推進』ぎょう
　　せい。

――――　2014　「保育の必要性の認定について」第11回子ども・子育て会議(2014
　　年1月15日)配布資料。

内閣府／文部科学省／厚生労働省　2015　「子ども・子育て支援新制度ハンドブッ
　　ク(施設・事業者向け)(平成27年7月改訂版)」。

文部省／文部科学省「学校基本調査」。

文部省　1979　『幼稚園教育百年史』ひかりのくに。

第3章
日本における保育の実践と
思想の変容

　現在の日本では、子どもが小学校教育を受ける前の数年間、親が子どもを何らかの保育施設に通わせることが当たり前である。しかし、「当たり前」とされるこの慣習は、幼稚園と保育所が設立された明治時代に生まれたものである。明治時代以降は、社会と家族とともに、保育が大きく変化する日本の「近代」として時期区分される。本章では、近世と19世後半、20世紀前半の三つの時代を通じた日本における保育の実践と思想の変容を、社会と家族がもたらす影響に注目しながら考え直していく。

Keywords
　子宝思想、間引き、寺子屋、良妻賢母、子守学校、託児所、新教育、
　東京女子師範学校附属幼稚園、倉橋惣三、二葉幼稚園、
　城戸幡太郎、教育基本法、児童福祉法

1　近世日本の子育てと教育：幼稚園・保育所設立前史

（1）はじめに：保育の歴史を学ぶ意義
　現在という時代に生きる大人・市民たちが保育の歴史を学ぶ意義は、次の二つである。第一に、資格を持つ保育者や一人の親、市民として子どもを保育する前に、保育とはどのような営みであったかについて知ることである。第二に、「過去の保育」について学んだことを手がかりにしながら、実際に見聞きして担うことになる「今の保育」についてよく理解し考え直しつつ、私たちが作り上げる「未来の保育」を構想することである。したがって保育の歴史を学ぶことは、過

去の保育との違いから今の保育を見つめ直し、未来の保育について考えることにつながっている。

　日本における保育の実践と思想の変容を扱う本章では、幼稚園と保育所、認定こども園、あるいは家庭で主に行なわれている現在の日本の保育を、歴史という「鏡」を通して理解する。その際本章は、保育の変化を複数の視点から捉える。たとえば幼稚園と保育所の違い、公立と私立の関係、19世紀から20世紀にかけての子育てと教育の変化、女性と男性の役割、男子と女子の教育経験、学校教育と家庭教育と幼児教育の関係、地域差(都市と農村)、身分や階級による違いという点に着目する。

　1節では、近世日本の子育てと教育を概観する。2節では、幼稚園と保育所が生まれる近代日本(明治時代)を扱う。3節では、20世紀以降、二つの保育施設がどのように変化して、倉橋惣三や城戸幡太郎らの保育研究者たちが、従来の保育のあり方をどのように考え直したかに注目する。

(2) 民俗学からみる日本の子育てと教育

　子育てや教育に対する価値観は、時代や地域によって変化する。この視点を日本で先駆けて提起したのが民俗学である。民俗学者柳田國男(1875-1962)は、『明治大正史：世相篇』(1930年)で次のように述べる(柳田　1993:301)。

　　　いわゆる人情本[恋愛や人情を描いた江戸後期から明治初期の小説]が親に売らるる娘をもって、孝行の標準と説くような愚かな気風の起こったのにも由来があった。つまりは子を宝という古くからの諺を誤解したのである。／現在の親々も子の孝行を期待する点は同じだが、もはや教育と利用を混同するようなことだけはなくなった。そうして教育が著しく子供本位になった。わが子の幸福なる将来ということが、最も大切な家庭の論題になっている。

　ここで柳田は、奈良時代の歌人山上憶良(660？-733？)が用いた言葉「子宝」を引いて、江戸後期から明治初期にかけての時期と、1930年頃の時期における子どもに対する親の態度の違いを指摘した。すなわち柳田によれば、

娘を売ることを親孝行と理解して子どもを利用していた時代から、新たに「子供本位」に教育する時代になった。柳田は、親の態度が時代によって変わることを明らかにしている。

　加えて、西日本(山口県)生まれで、大阪で小学校教員も経験した民俗学者宮本常一(つねいち)(1907-1981)は『家郷の訓(かきょうのおしえ)』(1943年)で、学校教育と「家郷」のしつけとの対比から子どもへの教育効果についてまとめている(宮本　1984:12)。

　　　　その間たえず教育の効果を十分にあげ得ないことに苦悩した。そしてその原因の一半はその村における生活習慣や家庭の事情に暗い(いっぱん)ことにあるのを知った。(中略)そして郷党の希求するところや躾の状況が本当に(しつけ)分からないと、学校の教育と家郷の躾とともすれば喰違い(くいちが)が生じ、それが教育効果を著しく削いでいることを知ったのである。

　宮本は村の習慣や家庭の事情、郷党(郷里を同じくする仲間)の強い願いを知らなくては、学校教育が上手く効果をあげられないことに加えて、学校教育と家郷のしつけとのくい違いを指摘している。宮本の指摘は、学校教育と村・家庭の教育とのずれを捉えて、自分自身がその村の願いについて無知であることを告白したものである。このように柳田と宮本は、子育てや教育、しつけ、それらに対する価値観が時代や地域によって異なることを、自らの実感に即して明らかにした。

　さらに柳田と宮本に代表される民俗学者は、各地域にある習俗の違いを明らかにする手法を通じて、当時の学校教育を教師たちとともに変革しようとした。しかし戦時下と戦後にかけての民俗学者と教師は、各地域に土着した独自の知を発見しようと努めたにもかかわらず、その成果を「日本人」や「国民」に共通する均質な知と見なしたため、各地域の習俗の違いが子どもたちに認識され、共有されることはなかった(小国　2001)。本章でもまた、こうした民俗学と学校教育の歴史に対する反省を踏まえて、地域や階層、その他の差異によって子育てや教育、家族の思想と実態が異なっていることに注意を払いつつ、保育の歴史を考えていく。

（3）19世紀の子育てと教育

　民俗学者が指摘したように、近世日本（江戸時代）の教育は、近代日本（明治時代）のそれとは異なっていた。それでは近世後半である19世紀の子育てと教育はどのようなものであったか。また日本には「子宝」という表現があるが、当時子どもを大切にすることはどのような意味を持っていたのだろうか。

　近世日本の特徴は、身分制度が存在していたという点にある。そのため、武士と庶民、農民といった身分や地域に応じて、子育てや教育の方法と考え方が異なっていた。当時の日本に定着していたとされる「七歳までは神のうち」ということわざは、七歳以下の子どもが大人の世界にはいなかったという考えを表している（ただし、この言葉の定着に対しては、疑問も出されている（柴田 2012））。こうした子どもへの価値観を表す農民や庶民の行動が、**間引き**や子返しと呼ばれる子殺しや子捨ての習俗であった（太田 2007）。

　右の絵は、間引きの場面が描かれた『子孫繁昌手引草』（1860年）の挿絵である。この絵では、絵の下側に赤ん坊ののどに手を当て押さえつけている母親の様子と、絵の上側に鬼の顔をした同じ場面が描かれている。庶民向けに出版されたこの刷り物は親子の情や子育ての大切さを説くものではあったけれども、現実にはそれが難しく、近世では間引きや堕胎が広く行われていたことを意味する。同時にこの刷り物が「子孫」が栄えるための手引きであったように、間引きや堕胎は「選ばれた子どもたちを大切に育てることと不可分に結びついていた」（田嶋 1979：3）。つまり間引きや子返しの習慣を背景に持ちながら、子どもを「宝」のように大切にすることを説く当時の**子宝思想**は、子どもを選んで育てることにより、子どもを家の存続に用いる功利主義的な発想であった。

　しかし間引きや農村の貧困の現状に対する批判は、19世紀前半にもなされていた。その批判者が思想家・経世学者**佐藤信淵**（1769-1850）である。佐藤は、同時代の西洋の幼児保護をモデルとしながら、国（幕府や領主）による

幼児保育施設を構想していた（湯川 2001）。佐藤の構想には、農村の疲弊と農民の窮状を招く領主を批判することが背景にあった（太田 1983）。とはいえ明治以前には、幼児保育施設が実際に作られることはなかった。

　庶民の子どもを対象にした教育機関として、**寺子屋**（手習塾）があった。次の絵は、絵師一寸子花里が、1846年に寺子屋の様子を描いた浮世絵「文学ばんだいの宝：末の巻」である。この絵に描かれているのは、女性の師匠と女子だけである（なおこの絵には「始の巻」という対になる絵があり、そちらは男性師匠と男子たちが描かれている）。この絵を見る限りでは、子どもたちの多くがいたずらばかりして、三人しか真剣に習字をしていないように思われる。机に向かって真面目に一人で漢字を書いている子どもと、女性師匠に習字

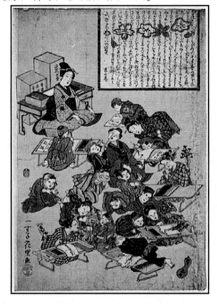

を見せて指で文字をなぞっている子どもがいる。別の女性は、後ろから子どもが持っている筆をとって「い」の字を書いている。その机には「いろは」の手本も置かれている。その机の前にいる大人の鼻に、絵の中央にいる子どもが棒を突っ込んでいたずらしている。その子どもより手前（絵の下方）にいる子どもは習字をしていない。机の向きもばらばらである。

　この絵からも読み取れるように寺子屋には、明治以降に普及する**小学校**には見られない特徴がある。第一に、寺子屋では「手習い」という自習が基本であり、必要や進度（漢字やいろは）に応じて一対一で師匠が子ども（寺子）に教えていた。第二に子どもの体格や顔つきが示すように、異年齢が混ざって同じ部屋で学んだ。第三に、「手習い」で基本を学んだうえで、庶民の子どもたちがそれぞれの将来の職業に応じた「往来物」という手紙を見本にして、読み書きと同時に、将来仕事で求められる「わざ」を学んでいた。第四に、男女が同じ寺子屋で学ぶことはない。つまり寺子屋には、個別学習、異年齢混淆、「わざ」

の習得の重視、男女別学という特徴があった。このように、寺子屋での学習は、庶民と農民、男子と女子によって違いがあり、子どもたちは身分と将来の仕事に応じた「わざ」を学んでいたのである。これは、小学校に見られる一斉教授、同年齢集団、同じ教室での男女の学習、学習内容の共通性という特徴とは異なるものであった(辻本　2012, 小国　2015：180)。

貝原益軒

このように、庶民が寺子屋で学んでいた一方で、武士の男子たちは父親から武家の家訓を教育され(太田　1994)、その後私塾や藩校で学んだ。私塾での学習は基本的に素読(漢文の丸暗記)が中心であった。儒学者貝原益軒(ばらえきけん)(1630-1714)は、近世で最も体系的な教育書とされる『和俗童子訓(わぞくどうじくん)』(1710年)で、「書をよむには、はやく先をよむべからず。毎日返りよみを専らつとむべし」、「四書を、毎日百字づつ百へん熟誦(じゅくしょう)して、そらによみ、そらにかくべし」(貝原　1961：250)と述べ、漢文の丸暗記を奨励した。たとえば肥前・唐津(現在の佐賀県)の漢学塾に入学した者の記録によると、数え年六歳から漢文を学び始めていた(森川／小玉　2012：98-99)。

(4) 近世から近代への移行

　身分に応じてなされていた近世の子育てと教育は、近代になってどのように変化したか。明治維新後の1871(明治4)年に士農工商という身分制度が撤廃され、四民平等とされた。しかし武士層の当時の世代や次の世代が、明治以降の中産階級を構成したように、身分制度が階級制度へそのまま移行した側面もあった(園田ほか　1995)。その一方で柳田や宮本が注目した農村部の習俗の一部は、近世から残存していたものである。このように近世から近代への移行には、階級や地域に応じて変化だけでなく持続する面もあった。

　このような移行の中で、子どもに対する価値観は数十年かけて変容した。まず功利主義に基づく子宝思想が、明治初期に批判されている。思想家植木枝盛(1857-1892)は『親子論』(1878年)で、近世の子宝思想が、子どもを

親の附属物とみなし、「親の為の宝となし暗に其の子が大きくなればそれに依頼して生活せんとするの意」にほかならないと批判した(田嶋　1979：8)。

　近世の子宝思想が近代(明治)初期に批判される一方で、その後「子宝」という思想が日本の伝統であるとする「神話」も作られた。日露戦争後、三越百貨店や婦人雑誌『婦人世界』等で「子どもは宝物である」というキャッチ・フレーズが使われた。そして本章3節で述べるように、20世紀初頭から児童展覧会や子どもの専門家を通じて、子どもをターゲットにした市場が形成され、「子どもは宝物である」という発想が、都市部で台頭し始めた中産階級(都市中産階級)へ広まった。こうして、近代以前の子宝思想は、「子どもは宝物である」という近代の理念に読み替えられた。この事実が示唆するのは、伝統や神話とは、過去を参照にして創造されるものだということである(ホブズボームほか編　1992)。このように、近世から近代にかけて、家族のあり方や子ども観が変容していく中で、幼稚園や保育所、託児所といった近代の保育施設や新しい特徴を持つ家族が作られていく。

2　近代日本における保育施設の成立と女性たち

(1) 近代学校教育制度からみる幼稚園と保育所

　2節と3節で主に扱うのは、明治(1868年から1912年)、大正(1912年から1926年)、昭和(1926年から1989年)までのうち、明治維新から第二次大戦直後までの近現代日本である。

　日本では1871(明治4)年に**文部省**が設置され、1872(明治5)年に「**学制**」が公布されて、近代学校教育制度が始まる。「学制」には立身出世や四民平等という理念、および実利主義的な学問観が反映されていた。これらの考えは、「学制」の序文と位置づけられる「学事奨励に関する被仰出書」で述べられた。しかし「学制」の下で全国に小学校が設立されても、人々の生活と学校で教えられる内容がかけはなれ、授業料の負担が多かった。そのため就学はあまり定着せず、特に女子の就学率は低く、しばしば小学校焼き討ち事件が生じた(森1993)。

　フランスの学校制度が参照された「学制」では、**幼稚小学**という六歳以下

の子どもに対する小学校の予備教育にも言及された。「学制」の第二十二章には、「幼稚小学は男女の子弟六歳までのもの小学に入る前の端緒を教るなり」とある。しかし小学校も定着していない日本の状況で、実際に幼稚小学が作られることはなかった。そのため日本の**幼稚園**は、学校制度と行政の監督にないところで作られた後で制度上の地位を得る。日本初の幼稚園の設立が1876(明治9)年であったにもかかわらず、幼稚園の設置・廃止が初めて規定されたのは、その三年後1879(明治12)年に公布された**教育令**においてであった。

　全国の小学校就学率が低かったとはいえ、就学規定年齢の六歳を満たない子どもたちが小学校に通う時期がしばらく続いた。実際、1884(明治17)年の小学校には、学齢未満児が11万7857人いた。それに対して、1883(明治16)年には幼稚園は17園に過ぎず、幼児数はわずか1116人に留まった。そこで、文部省は、1884(明治17)年に、学齢未満の幼児の就学を禁止する通達を出す。それは、学級数の増加に伴う財政圧迫を抑えるためであった。その後、学齢未満で就学する幼児がいなくなって、学齢未満の子ども期は、小学校に就学する「前」の時期であるという考えが、学校に子どもを通わせる人々の間で定着した。つまり、学校制度が六歳を就学年齢と定めることによって、幼児期は就学前の時期として再定義されたのである。これが現在、幼児教育(early childhood education)を、就学前教育(preschool education)とも呼ぶ理由である(鳥光　2000)。

　しかしながら、小学校への就学も困難であった貧困層の家族(貧困家族)の乳幼児を預かる**保育所**(day care center)と**託児所**(day nursery)は、戦前と戦後の時期を越えて、文部省の管轄にはならなかった。そして現在の**文部科学省**(文部省と科学技術庁が再編されて2001年に設置)も、保育所を管轄していない。

(2) 日本における幼稚園の設立と普及

　日本初の幼稚園は、**東京女子師範学校附属幼稚園**である。この国立幼稚園は、1876(明治9)年11月16日に東京女子師範学校(現・お茶の水女子大学)内に設置された。この園には、富豪や貴族、知識人といった上流層の子どもたち(開園当時75名)が付き人に付き添われたり、馬車に乗ったりしながら通っていた。皇后(天皇の正妻)も設立の際に園を訪問した(浦辺ほか　19

80)。このように附属幼稚園には、小学校に子どもを通わせる人々以上に特権的な層の子どもたちが通っていた。以下の図には、当時の附属幼稚園の様子が描かれている。子どもの服装からも、富裕層の子どもたちが園に通っていたことが見て取れる。

　1877(明治10)年7月に作成された附属幼稚園規則では原則として、満三歳から学齢前までを入学資格と定め、一日の保育時間は四時間、「保育科目」は「物品科」、「美麗科」、「知識科」の三科目とされた。

　附属幼稚園の監事(園長)は、東京女子師範学校の英語教師である関信三(1843-1879)が務めた。また**松野クララ**(1853-1941)が1876年から1881年までの間、主任保母として保母の指導にあたった。松野は、1840年にドイツで幼稚園を構想した**フリードリヒ・フレーベル**が設立した教員養成学校の課程を修了していた。そして、ドイツで出会った日本人官僚と結婚するために、1876(明治9)年に来日した人物である(フレーベルについては4章も参照)。そして、先の三科目では、フレーベルが考案した**恩物**を用いた活動を行い、幼児の諸能力を伸ばすことが目指された。このように園ではフレーベル主義の幼稚園教育の導入が図られていた(湯川 2009, 湯川 2011:17, 湯川 2015:38)。

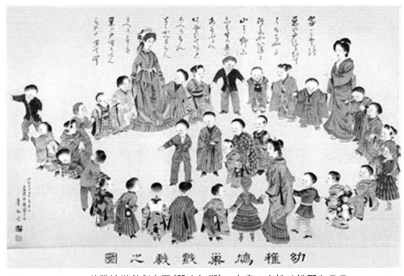

幼稚鳩巣戯劇之図(設立初期)：左奥の女性は松野クララ

　附属幼稚園は、1890（明治23）年に、女子高等師範学校附属幼稚園へと名称が変わる。さらに同年から附属幼稚園主事を務める**中村五六**（1860-1946）が中心となって、1891（明治24）年に園の保育課目から「読み書き」と「数へ方」を削除した。その理由は、小学校教育が幼児に相応しくなく、また地方の幼稚園で多くの時間が「読み書き」に充てられる弊害があったからである（湯川　2009:89）。こうして日本の幼稚園は、小学校とは異なる目的と方法を模索し始めた。

　附属幼稚園は、その科目が各地域の幼稚園に影響を与えたように、全国に幼稚園が普及する際のモデルであった（湯川　1995）。1896（明治29）年4月に附属幼稚園を中心に幼稚園教育を研究するフレーベル会が組織される（1901年1月に『婦人と子ども』が発刊されている）。さらに、1897（明治30）年10月には、京阪神連合保育会が設立された（1898年に『京阪神連合保育会雑誌』が発行される）。こうした動きもあり、文部省は1899（明治32）年、幼稚園のカリキュラムや設備について初めて規定する**「幼稚園保育及設備規程」**を定めた。この規定によって満三歳から就学前の幼児の保育時間は一日五時間以内とされ、**「遊戯、唱歌、談話、手技」の四項目（保育四項目）**による保育が定められ、日本の幼稚園教育制度が成立した。

　明治維新から20年を経た1887（明治20）年には、国立1校、公立52校、私立24校の計67の幼稚園が、都市を中心に作られていた（浦辺ほか　1980：15）。そして1895（明治28）年に、幼稚園数は200を超える。また、既に述べたように、公立（国立）から始まった日本の幼稚園は、1900年代までは公立幼稚園（小学校附属幼稚園）が多く設置された（湯川　2001）。実際、1896（明治29）年には、公立幼稚園が、全幼稚園数の73％を占めていた。しかし、1916（大正5）年には6割以上（63.2％）が私立幼稚園になっているように（ただし就園率は別）（小針　2005）、1910年代には私立幼稚園が多数を占めるに至っている。つまり、日本の幼稚園教育は、公立幼稚園から始まり、私立幼稚園を通じて普及したのである。

（3）幼稚園におけるジェンダーと国家

　文部省は当時、明治以前の女性観とは異なる「**良妻賢母**」という規範を、**女子教育**に取り入れていた。この規範は、「女子が将来母となり、その母の賢・

不賢が子どもに大きな影響力を発揮するがゆえに、女子にも教育が必要だ」（小山　1991：36）という考えに基づいていた。これは「女性が子どもを教える最良の教師である」という主張にもつながり、1874（明治7）年11月には、女性教師や保母を養成する**東京女子師範学校**が設立された。

　そのため、東京女子師範学校を経て附属幼稚園で働く「保母」（当時は「保姆」と表記）と呼ばれる女性たちもまた、良妻賢母規範の中に位置づけられた。つまり幼稚園とは、保母が良妻賢母として、生物学上の母親の代わりに子育てと教育をする場であった。これは、近代ヨーロッパの性別役割分業規範、特に幼稚園を構想したフレーベルのジェンダー（社会的な性差）規範を輸入していたことを意味している。実際、幼稚園発祥国ドイツの幼児教育は、家族になぞらえて母性（母親らしさ）を重視する思想によって進められていた（小玉　2009：119）。同様に、日本においても、「保母」という言葉が示しているように、幼児教育を担う女性は家族、特に母になぞらえられた存在であった。第二次世界大戦後、1947（昭和22）年12月に成立した**児童福祉法**（翌年実施）において、「保母」という言葉が1999（平成11）年まで使われていたということの背景にも、保育者にまつわるジェンダーの問題が隠れている。

　そして、将来幼稚園保母や小学校教師となる女性たちが、良妻賢母に基づく女子教育とともに専門教育を受けたのは、子どもを国家に有益な人材に育てるためであった。したがって、日本の幼稚園は、その誕生の時から良妻賢母としての保母の存在を通じて、国家に統合されていたということができる。

　日清戦争（1894-95年）をひかえた1890（明治23）年10月、天皇に仕える「臣民」が守るべき徳目を定めた「**教育ニ関スル勅語**」（**教育勅語**）が出される。このように、明治半ばの日本では、国民としての統一感を重視する志向（ナショナリズム）が強まっていく。20世紀に入る頃の幼稚園の全国的な普及も、そのナショナリズム志向の強まりに後押しされていたのである。

（4）子守学校と工場託児所：子どもと貧困・労働との関連

　託児所や保育所という名称を掲げた施設は、働く親たち（貧困層・労働者階級）の代わりに幼い子どもたちを昼間に預かり、世話をして保護することを目的としていた。この子ども保護施設の大多数は、明治期においては、国家ではなく、個々のキリスト教徒や宗教団体（キリスト教や仏教等）によって運営された。

ただし明治初期には、近代に作られた他の施設(工場や小学校)に併設されて、子どもを預かる数種類の施設が作られていた。託児所が普及することによって衰退することになるこれらの施設はいずれも、子どもや女性の労働という問題が密接に関連している。

　当時、都市や農村の貧困層の子どもの多くはさまざまな労働をしていたため、小学校に通えなかった。その中でも、乳幼児の子守りをしている農村の女子を中心に、学校教育の機会を提供したのが、**子守学校**である。子守学校は、「学制」公布から数年後の1870年代の中頃から多数作られた。たとえば、1883(明治16)年には、渡辺嘉重は茨城県小山村で子守学校を設立し、翌年『子守教育法』を出版している。1890(明治23)年には、**赤沢鍾美**・仲子夫妻が新潟静修学校に附設託児所を開設した。子守りの多くは、年季奉公(期限が決められた奉公)として貧しい農村から別の地域へ移動して、商家や地方の豪農に雇われた10歳程の娘である。ただし、中には酷使され、過酷な労働に従事する者もいた(森末ほか 1969:354)。

　農村とは対照的に、都市における児童労働は、日露戦争(1904-05年)前後から社会問題として認識され始めた。1916(大正5)年には、女性と子どもの労働を規制する**工場法**が施行されている(1911年公布)。しかし、工場法には小規模な施設への例外規定があり、十分に子どもの労働を規制することができなかった。そのため、小学校を卒業するまでの学校教育が男女差や地域差を越えて、日本に普及・定着するのは、昭和に入った1930年頃であった(土方 1994, 大門 2000)。その間、産業化した都市を中心に、子守りを含むさまざまな労働に従事する子どものために、夜間小学校も作られている。

　その他の子ども保護施設としては、**工場託児所**があった。都市の工場では、地方から来た若い女性や都市貧困層の子ども、そして都市に住み乳幼児を抱えた母親たちが働いていた。工場に託児所が作られたのは、都市の女性を労働力として確保するためであった。さらに、乳幼児を対象にした他の施設として、捨て子を預かる養育院(沢山 2008)や、幼児組が作られた孤児院もあった。これらの施設は、必ずしも乳幼児を「教育」するということへの関心を持ってはいなかった。しかし、働く子どもや母親の代わりに乳幼児を預かるという点で、これらの施設は幼い子どもを救済したうえで保護して世話をする、近代社会に作られた乳幼児のための福祉施設であった。

（5）保育所設立と国家の財政支援、都市貧困家族への援助

　家族が、共同体や親族の縛りから解放されていく近代化の過程で(小山　1999)、相互扶助による救済や保護、援助が受けられなくなる者が出現する。その過程で、農村から都市へ移動したにもかかわらず、十分な生計を立てられない人々が増える日清戦争前後には、「貧民窟」と呼ばれるスラムが都市部に生じた。

　国家は、貧困層の増加に対処するため、1882(明治15)年に**簡易幼稚園**の設立を奨励する。しかし、この施設が、国によって作られることはほとんどなかった。そのため、スラム地区の子どもを対象にした幼稚園は、東京や神奈川の都心部では、宣教師やキリスト教徒によって1890年代に設立された(浦辺ほか　1980：18)。これらの幼稚園は当時、簡易幼稚園や**貧民幼稚園**、慈善幼稚園と呼ばれていた。こうした幼稚園の取り組みや、その地域の状況を描いた、**横山源之助**(1871-1915)の『日本の下層社会』(1899年)といったルポルタージュが反響を呼ぶと、貧困問題や下層の人々への関心が、社会のなかで共有され始めた。

　その中でも、特に注目を浴びた幼稚園が、東京に設立された**二葉幼稚園**である。この幼稚園が第一次大戦後、保育所や保育園という名で普及する施設の始まりであった。

　二葉幼稚園の設立者は、華族女学校(現・学習院大学)附属幼稚園に教師として勤めていたキリスト教徒**野口幽香**(1866-1950)と森島峰であった。この二人は、附属幼稚園で働きながら、1900(明治33)年1月に、二葉幼稚園を東京の麹町区(現在の千代田区)に開設した。設立の理由は、この二人が富裕層のみに開かれた幼児教育を、貧しい子どもたちにも施す必要性を感じたからである。園の保育内容は、他の幼稚園と同様に「遊戯」を中心にしたものであった。保育時間は一日七時間あるいは八時間として、幼児の入浴も世話した。

　設立趣意書には、「予防の一オンスは治療の一ポンドに優る」(二葉保育園編　1985)(An ounce of prevention is worth a pound of cure.)という言葉が掲げられていた。すなわち、貧民幼稚園では、教育を通じて道徳を形成することによって、経済的な意味(監獄費などを節約する効果)が生じると捉えられていた。二葉幼稚園が持つこのような思想は、貧困層の家族に節約の意識を形成するために、園児に毎日おやつ代と貯金用に一銭を持参させて、五厘(一

銭の半分)の貯金を奨励したことにも表れている(写真は、野口と1931(昭和6)年に二代目の園長となる**徳永恕**(1887-1973)。

二葉幼稚園は、家族状況の調査も行っている。園を利用する親の職業は、日雇い労働が多く低収入で不安定であり、内職をする母親も多かった。母親が無職の場合、その理由は乳児の世話や本人の病気であった。さらに私生児

野口幽香(左)と徳永恕(右)

(戸籍に入っていない子ども)も多数いた(二葉保育園編　1985:8)。

慈善事業とも呼ばれたこの施設の多くは当初、庶民や企業家等からの寄付金で支えられていた。1908(明治41)年に、全国の民間事業を組織することを目的とした中央慈善協会が組織され、1909(明治42)年2月には、内務省もこれらの施設に正式に奨励金(助成金)を出すようになった。しかし、国家がまだ社会統制に十分な関心を持たなかったため、公立の保育所・託児所は作られなかった。

二葉幼稚園は、内務省が1916(大正5)年に「幼稚園」の名称を掲げる施設には助成しないようにしたため、文部省からのわずかな助成があったとはいえ、内務省から継続して助成を受けることを選び、二葉保育園へと改称している。

岡山孤児院附属私立小学校と院児たちの食事の様子
『岡山孤児院写真画』(1908年5月)「小学校」「満腹主義」

この他に著名な保育所としては、1905(明治38)年に、社会事業研究者生江孝之(1867-1957)らが、日露戦争に従軍した兵士の家族・遺族の子どもの保育のために設立した神戸の戦役紀念保育会や、1909(明治42)年7月に設立された大阪初の保育所である**愛染橋保育所**がある。

石井十次

　愛染橋保育所は、フランスの思想家**ジャン=ジャック・ルソー**の『**エミール**』の自然観に感銘を受けたキリスト教徒**石井十次**(1864-1914)が、日本初の孤児院である**岡山孤児院**の附属施設として設立したものである(稲井 2013)。その運営は、岡山孤児院職員であった冨田象吉(1878-1943)が担っていく(稲井 2012)。

　最初の公立託児所が設立されたのは、明治時代の始まりから約50年を経た1919(大正8)年のことであった。

3　20世紀日本における保育の実践と思想

(1)「子どもの世紀」の始まりと子どもの権利

　1900(明治33)年に、スウェーデンの女性解放運動家**エレン・ケイ**(1849-1926)の『子どもの世紀』が出版され、日本でも1913(大正2)年に翻訳された(ケイ 1979)。さらに、欧米の子ども福祉政策や、国際連盟で1924年に採択された**「児童の権利宣言」**(**ジュネーブ宣言**)の情報は、内務省の官僚や子ども福祉研究者を通じて、同時期の日本にも紹介されていた(高田 1928, 稲井 2014)。そのため、日本国内でも、子どもに関わる社会問題をめぐる議論は盛んであった。

　実際、牧師の田村直臣(1858-1934)が書いた『子供の権利』(1911年)をはじめとして、1910年代から20年代にかけて「子どもの権利」をうたう者も増えている。この時期に国内外で主張された子どもの権利とは、よい環境で生まれ育てられて教育を受ける権利である。これは、20世紀末の1989(平成元)年に国際連合で採択される、子どもの自律性(子どもの社会への参加や意見表明の

権利)を提起する「**子どもの権利条約**」とは、その質においても大きな隔たりがあった(カニンガム　2013)。

　以上の出来事に象徴されるように、20世紀は、欧米や日本を含む東アジアにおいて子どもへの関心が高まった時代である。そして、20世紀初頭の子どもへの関心と政策は、以下で述べていくように、都市部で台頭した中産階級の家族と、それより低い階級の家族に応じた対処という側面もあった。こうした階級に応じた関心と政策・対処によって、より強固な幼稚園と保育所の二重構造が作り上げられていくのである。

(2) 都市中産階級の子育てと子ども市場の形成

　産業化と都市化が進む20世紀初頭の日本では、中産階級が都市を中心に台頭した。都市中産階級の特徴として、夫が公務員や企業勤めの月給生活者(ホワイトカラーや専門職)であり、妻が専業主婦であり、家族構成が主に夫婦と子どもの二世帯であったことが挙げられる。このような中産階級が1930(昭和5)年までに全国の10％、都市の25％を占めるようになった(南ほか編　1965)。

　この都市中産階級の家族が実現しようと試みたのが、1890年頃から日本で「家庭」や「一家団欒」と表現されていた、父母と子どもで構成される理想の家族像である(牟田　1996)。この家族像の特徴される子ども中心の子ども観(子どもを何かの中心的な対象と見なす観念)は、**童心主義、学歴主義、厳格主義**という三つの態度や価値観に分類することができる。

　童心主義とは、子どもの無垢さや純真さを尊重して子どもを可愛がる態度である。学歴主義とは、学歴の獲得を通じて立身出世や階層上昇を果たそうとする態度である。最後の厳格主義とは、子どもが無知であるがゆえに規律正しい習慣や道徳を身につけさせ、しつける(訓育する)態度である。この三つの態度は互いに対立しながらも、都市中産階級の家族や学校教育の中で共存していた(広田　1999：57-59)。このような子ども観に基づく家族と学校を理想する大人たちが増えたのが、20世紀初頭である。

　こうした子ども観を抱く都市中産階級が台頭する一方で、1910年前後からこの階級の欲求を満たす子ども市場が形成された。この子ども市場の形成には、さまざまな分野の専門家が重要な役割を果たしている。

1908(明治41)年に「白丸屋」から名称変更したフレーベル館は、東京女子師範学校に勤めて幼児教育を研究する和田実(1876-1954)の助言を受けて、**積木**をはじめとする教育玩具の商品化に着手した(是澤 2009)。三越百貨店は、1909(明治42)年4月に、童話作家巖谷小波(1870-1933)の協力を得て、「児童博覧会」を開催した(吉見 2010, 河原 1998)。

児童心理学者や小児科医たちは、子どもの知能や健康についての専門知識を、出版物や子育て助言書を通じて、特に母親に伝えようとした。たとえば、1900(明治33)年には、児童心理学者高島平三郎(1865-1946)らによって、『児童研究』(日本児童学会刊行)が創刊される。この雑誌は、当時の幼稚園教育を先導する**倉橋惣三**が第一高等学校生時代に熟読していたものでもある。

さらに、1918(大正7)年には、小説家・童話作家鈴木三重吉(1882-1936)や、詩人**北原白秋**(1855-1942)たちが中心となって、月刊の児童雑誌『**赤い鳥**』(1918-1936)が創刊された。『赤い鳥』には、芥川龍之介、有島武郎、新美南吉らの童話や、北原や西條八十が作詞し、成田為三や山田耕筰が作曲した童謡などが数多く発表された(小山 2002)。

倉橋惣三　　　　　　　　　　鈴木三重吉

子ども向け市場の成立と拡大とともに、大正期には、子どものために特別な配慮がなされた空間が形成された。幼稚園もまた、都市中産階級の親たちが抱く童心主義の価値観を満たす空間であった。さらに、児童遊園や動物園、

図書館の児童室という子どものための空間も作られた。こうして都市中産階級の母親たちは、子ども市場が広めた知識や商品、空間を利用して、子育てと子どもの教育の責任者となろうと努力したのである。

（3）新教育の展開と倉橋惣三の教育研究

　画一的な教育方法への批判が日本の教育界で高まる中、**私立小学校**関係者を中心にして、新しい教育方法を模索する**新教育運動**が始まり、幼稚園教育にも広まっていく。この運動は、20世紀初頭のアメリカで展開され始めた**進歩主義教育**を受容したものである(浅井　2008)。日本の幼稚園教育では、明治以来の恩物に基づくフレーベル主義の教育が画一的なものとして批判された。そして、進歩主義教育を代表する理論家**ジョン・デューイ**や、**マリア・モンテッソーリ**の思想に影響を受けた進歩主義(「子ども中心主義」とも呼ばれる)の教育方法が導入された。感覚教育を重視し、これを土台として知識が形成されるよう独自の教具を体系化した**モンテッソーリ・メソッド**(モンテッソーリ法)は、21世紀初頭の日本の私立幼児教育施設においてもカトリック系を中心に導入されていることからも分かるように、新教育の影響は、今日の幼児教育にまで及んでいる。

　日本の幼稚園教育の分野において、進歩主義教育を受容する際に、最も重要な役割を果たした人物が、倉橋惣三(1882-1955)である。倉橋は、1903(明治36)年に、第一高等学校を卒業後、東京帝国大学哲学科に入学して心理学を専攻した。倉橋は、1917(大正6)年に東京女子師範学校教授になると同時に、附属幼稚園主事を務めた。1919(大正8)年にはアメリカへ留学して、児童研究運動を推進した心理学者**スタンレー・ホール**の影響を受けた。こうした留学や、自らの研究を通じて得た新教育の理論をもとに、倉橋は「就学前の教育」(1931年)と「家庭教育」(1932年)という論文を発表した。両論文では、次のように、家庭教育との関わりから幼稚園教育を捉え直すことが主張されている(倉橋　1931:56)。

　　　これは一般学校においてもそうであるが、人生の初期において家庭教育を補うことを目的とする幼稚園においては、この科学的能力は最も欠くべからざる要件でなければならない。／幼稚園と学校との関係においても、

幼稚園においてなされたる教育効果をもって連絡せしめることのみでなく、幼稚園においてまず調査査定材料をもって、小学校の教育に資することを大きな役目としなければならぬ。

　倉橋は、1926(大正15)年4月に発布された**幼稚園令**の第一条「幼稚園は幼児を保育してその心身を健全に発達せしめ善良なる性情を涵養し家庭教育を補うを以て目的とす」にある、「家庭教育を補う」という目的を参考にしながら、家庭教育に言及した。彼によれば、「家庭教育を補う」という言葉には、「就学前教育の本拠は家庭にある」がゆえに、「補うことは代わることではない」という意味も含まれていた(倉橋 1931:50-51)。さらに倉橋は、「幼稚園は家庭の延長なり」という当時流布していた言葉にも触れ、幼稚園教育の根拠に家庭教育を置いたうえで、心理学の知見に基づいた科学的な方法によって補うことを主張した。ただしあくまでも、「科学は教育方法の参考」と位置づけている(倉橋 1931:56)。

　さらに倉橋は、「就学前教育法の特性」が「生活を生活で教育する」(倉橋 1931:49)点にあると述べている。この言葉は、1933(昭和8)年の講演をまとめた『幼稚園真諦』(1953年)では、「**生活を、生活で、生活へ**」というスローガンにまとめられた。この表現に端的に示される倉橋の教育理論は、子どもの生活を、子どもの生活によって、子ども自身が担う生活へと導いていく幼児教育思想であり(佐伯 2001:164)、現在に至るまで、多くの保育研究者と実践者に影響を与えている。

　ところが、倉橋たちが提唱した新教育の思想は、必ずしも、当時の幼児教育界に幅広く受容されたわけではなかった。それは、日本の幼児教育界にとっての喫緊の課題が、幼稚園教育の社会に対する必要性を示して存在意義を示すことであり、そのために、まずは幼稚園の量的・数的な普及を図ることであったからである(田中／橋本 2012:114)。

　この事情に、さらに、幼稚園に子どもを通わせる都市中産階級の親たちのニーズが産みだす問題も加わった。幼稚園教育修了後に子どもを私立小学校に通わせようとする都市中産階級の一部は、受験対策として小学校受験に役立つ幼稚園教育を求めていたのである。中でも、上級学校(大学等)を併設して、かつ進歩主義教育を行う私立小学校は、都市中産階級が抱く学歴主義

と童心主義という子ども観を同時に満たすものであった(小針 2009)。こうした親たちの矛盾と葛藤をはらんだ教育に対する要求に阻まれる形となって、幼稚園における新教育は十分な成果をあげることができなかったのである。

(4) 社会政策の進展：保育所と母親の結びつき

第一次世界大戦勃発後の物価高騰を受けて、1918(大正7)年に米騒動による混乱が全国に波及した。それを重く見た地方行政は、子ども保護事業を民間に任せず、社会の秩序を維持するために自ら展開するようになり、1918(大正7)年以降、各市町村で社会局が作られていく(有馬 1999)。

他方で、貧困家族のあり方も、日露戦争以降に変化した。家族の結びつきが不鮮明であったスラムに住む家族の多くは、収入の増加の影響もあり、世帯として家族のまとまりが確認できる状況になった(中川 1985)。この家族は、個別の事例が記述されるルポルタージュではなく、家計調査や細民調査(貧困層やその地区を対象にした調査)によって把握されるようになった。そして、1930年頃の都市では、俸給生活者や工場労働者、下層階級といった階級によって違いは残されたものの、雇用者の夫と専業主婦の妻によって構成される世帯が広まった(千本 1990)。こうした家族の変化に、私立と公立の保育所・託児所や、その他の社会事業も貢献する。しかし、その影響は単純なものではなかった。

当時、社会事業関係者が理想とした家族像は、都市中産階級が理想としていた「家庭」であり、社会事業従事者は下層階級をその家族像に近づけようとするさまざまな試みを行った(鈴木 1997)。たとえば、民間人を任命して住民の生活調査を依頼する方面委員制度(こんにちの民生委員)や保育所・託児所がその役割を担っていた。

これらの社会事業の中心的な対象は、労働者階級と貧困層の母親であった。たとえば東京市江東託児場では、母親が送り迎えすることが当然だと考えられていた。「午前六時〜八時 この二時間の中にぼつぼつ母親が児童を連れて来るものとみなしまして、八時までは保母監督の中に自由に遊ばして、児童の集るのを待ちます」(浦辺ほか 1980:52)。前節でも触れた二葉保育園は、創立当初から身の上相談をしていただけでなく、さらに1922(大正11)年春から、保母徳永恕が中心となって日本初の母子寮とされる「母の家事業」を始

めている。これは、貧困層の母子に部屋を貸して生活させる事業であり、当時広まり始めた母性保護の観点からなされていた（二葉保育園　1928：15）。しかし、保育所や託児所の支援があったとしても、労働者階級や貧困層の母親たちが都市中産階級と同じ子育てをできたわけではない。つまり、実際には階級に応じて子育ての習慣が異なっていたにしても、保育所と託児所は、労働者階級や貧困層であっても母親こそが子育てをすべきとする規範を前提にして、援助するようになっていたのである。

　国家が後押しして、市町村レベルの地方行政が担う社会政策は都市部から始まり、1919（大正8）年以降、公立託児所が作られた。大阪市で1919年、京都市で1920年、東京市で1921年、神戸市で1922年のことであった。東京市では特に1923（大正12）年の関東大震災後に、公立託児所が増えていった。

　これらの大都市とは対照的に、農村部では、1929（昭和4）年の世界恐慌後、**農繁期託児所**が多く設置された。早い事例では1890（明治23）年に筧雄平（1842-1916）が、鳥取県気高郡美浦村の下味野子供預かり所を開いている。それからの30年以上経た1927（昭和2）年に農繁期託児所は全国で138ヶ所になり、さらに1930（昭和5）年には2519ヶ所、その10年後には2万2758ヶ所になった。これは、戦時下において農業生産性を向上させ、女性を労働へ動員するためであった（浦辺ほか　1980：55）。官僚や研究者が運営に携わった中央社会事業協会（前述の中央慈善協会が改称）が1934（昭和9）年に発行した『季節保育所施設基準』では、設置基準の設定と財政補助を通じた国家による関与も示された。託児所増加の背景には、小学校教育の普及によって子守りが減少したことも関連していたと考えられる。

　以上のように、社会統制の軸足は、私立保育所から公立託児所へと徐々に移行した（なお、戦前公立昼間保育施設は、託児所の名称を用いることが多い）。さらに保育所・託児所だけでなく、前節で述べた小学校教育や児童労働の問題までを含めて広く捉えるならば、子どもの権利が広く主張されていた1920年代を経て、それまで民間団体が運営する保育所や夜間小学校が担っていた子ども問題への対処を、地方行政や国家が社会の統制と改良のために直接担うようになったといえる。

（5）幼稚園と託児所をめぐる政策と城戸幡太郎の教育研究

　戦間期（第一次世界大戦が終わる1918年から第二次世界大戦が始まる1939年までの時期）においては、進歩主義教育を受容した保育の実践と思想が生まれて、幼稚園と保育所・託児所の施設数も増加した。同時に、以下で述べるように、それぞれの施設の関係者たちが、制度上の地位を求める運動を展開した。要するに、幼稚園と保育所は、戦間期において、明治維新以来再びその意味づけを変えようとしていたのである。

　先に国家との関わりに変化が生じたのが、幼稚園である。当時幼稚園については、東京や京阪神地域を中心とする研究会で、小学校以上の教育制度から独立した地位を獲得しようと、激しい議論が展開されていた。こうした運動も影響して、文政審議会の審議と答申を経て、1926（大正15）年4月に**幼稚園令**が公布された。これは、日本初の幼稚園に関する勅令であり、幼稚園に託児所的機能を付与して、長時間保育や3歳児未満の入園を認める等、社会政策的見地から幼稚園の機能を拡大するものであった。幼稚園令の制定は、明治後期から続く幼稚園関係者の運動の成果であり、小学校とは異なる独自の法的地位を獲得したことによって、幼稚園関係者に喜びをもって迎えられた（湯川　1996：1）。

　幼稚園が法的地位を明確にした一方で、保育所・託児所には未だに法制上の規定がなかった。特に、幼稚園令で託児所の保母資格と、公的財政支援について明記がなかったことを受けて、保育所関係者たち（事業者、園長、研究者）は、保育所・託児所に関する法令を要求する運動を起こし、行政官僚を含めて議論を始めた。そして1926年（大正元）年12月に開催された全国児童保護会議以降、託児所令制定に関する議論が全国で激化した（新田2000）。

　託児所令制定運動は1929（昭和4）年の世界恐慌のあおりを受けて、さらに活発になった。特に、保母の地位や待遇、公的財政支援についての要求が強く主張された。当時の全国大会の報告書や議事録によれば、東京や大阪という大都市からではなく、地方の要求が強かった。ここからは、地方の疲弊した経済状況とともに、衛生や規模、保母の待遇に関して国が一定の基準を示してその質を保障する要求があったことがわかる。

　しかし、結果として託児所は単独の法令ではなく、1938（昭和13）年に成立

した社会事業法において初めて法的地位を獲得することになった。それは、19
37(昭和12)年に日中戦争が勃発したために、1938年に国家総動員法が成
立し、内務省から独立して**厚生省**が設置されるなど、戦力向上が不可欠とな
る総力戦体制を整える必要性が国家にあったからである。託児所関係者はそ
の後もより十分な質の保障を求めながらも、戦争への貢献という論理は受け入
れていた(稲井 2012)。以上のように幼稚園関係者と託児所関係者は、それ
ぞれの施設の法的地位を獲得するために運動に奔走した。それは、双方の関
係者の多くが、幼稚園と保育所の二元体制の確立に、結果として寄与したこ
とを意味している。互いの関係者が歩み寄ることがなかったのは、研究会や全
国大会において話し合う場や機会もなく、幼保それぞれの側が、自らが関わる
保育施設の利害を優先したためであろう。

　このような議論・運動と制度の変化が生じる時期
に、法政大学教授で心理学者・教育学者**城戸幡**
太郎(1893-1985)が中心となって、研究者と保
育者の共同による幼児教育の実証研究(教育科
学研究)が進められていた。城戸は1936(昭和11)
年に**保育問題研究会**を組織してその会長に就任
し、1939年に『幼児教育論』を執筆した。城戸はそ
の中で、以下のように子どもの教育に対する国家
の責任を強調している(城戸 1939:223)。

城戸幡太郎

　　　したがって子供の教育は個人の自由に任せておくわけには行かず、当
　　然、国家が責任をもって教育しなければならぬものである。そのために子供
　　の生活する家庭や社会は、国民教育の立場から子供を教育するための
　　機関として再構成されねばならぬのである。

　加えて城戸は、幼稚園や託児所での教育の重要性を、家庭教育を補うだ
けでなく、学校教育の基礎となるものだとも述べている(城戸 1939:99)。

　　　幼稚園や託児所の教育は単に家庭教育を補ふためのものではなく、
　　学校教育を有効ならしむるための基礎教育とならねばならぬものとすれば、

　　それには集団教育への基礎訓練を重要な任務とせねばならず、（後略）

　さらに城戸は、「社会的協同精神」を子ども期に訓練することを主張している。城戸の幼児教育論を、家庭を補うことを幼稚園の役割と述べた倉橋の理論と比較すれば三つの特徴がある。第一に、子どもの教育に対する「国家」の責任を重視している。第二に、「社会」を重視する観点から、「社会的協同」を担うことができる精神を持った子どもの育成を目指している。第三に、幼稚園と託児所での教育を、学校教育の基礎とするだけでなく、「集団教育への基礎訓練」として位置づけている。したがって、城戸の理論は国家や社会への関心が高まる1930年代において、幼稚園や託児所での幼児に対する基礎的な集団教育が、社会を協同して作る力を持った子どもを育成するという意味を持つことを主張し、その責任を国家に要求するものであったということができる。

　その後、1941（昭和16）年3月に**国民学校令**が発布され（4月施行）、幼稚園も「国民幼稚園」として位置づけられて、12月にはアジア・太平洋戦争が始まった。倉橋が中核を担った日本幼稚園協会の記事によれば、幼稚園で「防空訓練」として防空服を着たり、待避や伏せの姿勢をしたりする練習が行われたという。「日本幼児飛行機献納貯金の提唱」という記事には、幼児に毎日5銭の貯金をさせ、最終的に9万8000円を海軍に寄付したことが書かれている。このように、子どもの力さえも戦争に動員された（米田　2015）。

　戦争が進む中、幼稚園は閉鎖を求められ（東京都では1944年4月に閉鎖令が出る）、戦時託児所や農村の季節託児所が推進され、大都市では幼児の疎開保育もなされた。ただし終戦直前の1945（昭和20）年8月7日の新聞記事では、戦争の被害は、疎開が徹底していなかった都市部の子どもや女性に大きかった可能性があることが伝えられている（米田　2015）。戦時下、保育施設の数が減っていく中、1945（昭和20）年8月15日、日本は終戦を迎えることになった（浦辺ほか　1980：108-109，湯川　2011：26-27）。

（6）おわりに：歴史から現在の保育をみる

　戦前に確立した幼稚園と保育所の二重構造は、第二次世界大戦後にも引き継がれた。戦後の国民主権という理念のもと、1947（昭和22）年3月31日の**教育基本法**と学校教育法の公布によって、幼稚園は学校教育機関とし

て扱われることになった(浪本・三上編著 2008)。ただし、ここで実現した幼稚園の構想は、戦時下の国民幼稚園の構想に基づいたものであった。倉橋惣三が戦前から一貫して教育制度改革の議論に参加したことにも、その連続性は表れている(湯川 1996)。

　他方で保育所は、1947(昭和22)年12月制定の**児童福祉法**によって、法律上の地位が与えられた。保育所もまた、戦時下に考案された子どもの福祉の理念を読みかえる形で構想されている(冨江 2001)。そして、この二つの法律により、両施設はそれぞれ、文部省と厚生省(2001年に文部科学省と厚生労働省に再編)において別々に管轄された。また、保育者は戦前「保姆」と呼ばれていたが、戦後になると幼稚園では「教諭」、保育所では「保母」となり、その養成や資格も別々に扱われた(湯川 2011:27)。

　以上のように、幼児教育・保育における戦前と戦後との関係は、変化している面と持続している面の二面性を持っている。つまり、近代の保育施設が積み残してきた問題には、戦前と戦後の時代を経て現在まで続いている部分も存在している(池田 2008)。幼児教育・保育の歴史を学ぶということは、そこに潜む変化と持続を見きわめ、現在の幼児教育・保育の成り立ちの重層性を理解するということである。

(稲井智義)

参考文献

有馬学 1999 『「国際化」の中の帝国日本：日本の近代4巻』、中央公論新社(中公文庫、2013年)。

浅井幸子 2008 『教師の語りと新教育：「児童の村」の1920年代』東京大学出版会。

別役厚生 1992 「城戸幡太郎の「国民教育」論とその歴史的性格：『幼児教育論』(1939年)の検討」『研究室紀要』18号。

カニンガム 2013 『概説子ども観の社会史：ヨーロッパとアメリカにみる教育・福祉・国家』北本正章訳、新曜社。

千本暁子 1990 「日本における性別役割分業の形成：家計調査をとおして」荻野美穂ほか『制度としての〈女〉：性・産・家族の比較社会史』平凡社。

二葉保育園　1928　『二葉保育園』。

二葉保育園編　1985　『二葉保育園八十五年史』。

土方苑子　1994　『近代日本の学校と地域社会：村の子どもはどう生きたか』東京大学出版会。

広田照幸　1999　『日本人のしつけは衰退したか：「教育する家族」のゆくえ』講談社現代新書。

ホブズボーム／レンジャー編　1992　『創られた伝統』紀伊國屋書店。

池田祥子　2008　「すべての子どもたちに対応する「幼保一元化」を：「保育＝幼児教育」・「児童福祉」理念の再定義」公教育研究会編『教育をひらく：公教育研究会論集』ゆみる出版。

稲井智義　2012　「戦間期日本における保育所制度化をめぐる論争と冨田象吉の子ども観：託児所令制定運動の再検討として」『幼児教育史研究』7号。

――――　2013　「子ども救済事業から子ども保護事業への展開：石井十次の家族と学校に関する思想と実践に着目して」『研究室紀要』39号。

――――　2014　「大原社会問題研究所研究員・高田慎吾の子ども問題研究とその展開：社会と国家の概念と子ども保護との関連に着目して」『大原社会問題研究所雑誌』670号。

貝原益軒　1961　『養生訓・和俗童子訓』岩波文庫。

河原和枝　1998　『子ども観の近代』中公新書。

ケイ　1979　『児童の世紀』小野寺信／小野寺百合子訳、冨山房百科文庫。

城戸幡太郎　1939　『幼児教育論』賢文館。

小玉亮子　2009　「教育」姫岡とし子／川越修編著『ドイツ近現代ジェンダー史入門』青木書店。

小針誠　2005　「戦前期における幼稚園の普及と就園率に関する基礎的研究：幼稚園の普及をめぐる地域間格差に注目して」『乳幼児教育学研究』14号。

――――　2009　『〈お受験〉の社会史：都市新中間層と私立学校』勁草書房。

小国喜弘　2001　『民俗学運動と学校教育：民俗の発見とその国民化』東京大学出版会。

――――　2015　「時代の中の教師」秋田喜代美／佐藤学編『新しい時代の教職入門』有斐閣。

小山静子　1991　『良妻賢母という規範』勁草書房。

————— 1999 『家庭の生成と女性の国民化』勁草書房。

————— 2002 『子どもたちの近代：学校教育と家庭教育』吉川弘文館。

南博・社会心理研究所編 1965 『大正文化』勁草書房。

宮本常一 1984 『家郷の訓』岩波文庫。

————— 1969 『日本の子供たち・海をひらいた人びと：宮本常一著作集8巻』未来社。

森重雄 1993 『モダンのアンスタンス：教育のアルケオロジー』ハーベスト社。

森川輝紀／小玉重夫編 2012 『教育史入門』放送大学教育振興会。

森末義彰ほか 1969 『生活史』山川出版社。

牟田和恵 1996 『戦略としての家族：近代日本の国民国家形成と女性』新曜社。

中川清 1985 『日本の都市下層』勁草書房。

浪本勝年／三上昭彦編 2008 『「改訂」教育基本法を考える』北樹出版、改訂版。

新田彩子 2000 「幼稚園令制定とその影響：幼保一元化をめぐる託児所令制定運動を中心に」『人間発達研究』23号。

大門正克 2000 『民衆の教育経験：農村と都市の子ども』青木書店。

太田素子 1983 「佐藤信淵の保育制度構想について」『日本保育学会大会研究論文集』36号。

————— 1994 『江戸の親子』中公新書。

————— 2007 『子宝と子返し：近世農村の家族生活と子育て』藤原書店。

太田素子／浅井幸子編 2012 『保育と家庭教育の誕生：1890-1930』藤原書店。

佐伯胖 2001 『幼児教育へのいざない：円熟した保育者になるために』東京大学出版会（2014年増補改訂版）。

沢山美果子 2008 『江戸の捨て子たち：その肖像』吉川弘文館。

柴田純 2012 『日本幼児史：子どもへのまなざし』吉川弘文館。

園田英弘／広田照幸／濱名篤 1995 『士族の歴史社会学的研究』名古屋大学出版会。

田嶋一 1979 「民衆の子育ての習俗とその思想」大田堯ほか編『子ども観と発達思想の展開』岩波書店。

高田慎吾 1928 『児童問題研究』同人社（大原社会問題研究所編）。

田中智志／橋本美保 2012 『プロジェクト活動：知と生を結ぶ学び』東京大学出版会。

冨江直子　2001　「「翻案」される政策理念：児童政策をめぐる政治過程の社会学的考察」『社会学評論』52巻2号。

鳥光美緒子　2000　「幼児教育」教育思想史学会編『教育思想事典』勁草書房。

──────　2003　「戦後保育・幼児教育政策の歩みを見なおす：幼保二元行政システムのもたらしたもの」森田尚人ほか編『教育と政治：戦後教育史を読みなおす』勁草書房。

辻本雅史　2012　『「学び」の復権：模倣と習熟』岩波現代文庫

浦辺史／宍戸健夫／村山祐一編　1981　『日本の保育』青木書店。

柳田國男　1993　『明治大正史：世相篇』講談社学術文庫、新装版。

横山源之助　1985　『日本の下層社会』岩波文庫。

米田俊彦　2015　「空襲・疎開から見た「戦争と子ども」」『幼児教育史研究』10号。

吉見俊哉　2010　『博覧会の政治学：まなざしの近代』講談社学術文庫。

湯川嘉津美　1995　「東京女子師範学校附属幼稚園の成立」『上智大学教育学論集』30号。

──────　1996　「大正期における幼稚園発達構想：幼稚園令制定をめぐる保育界の動向を中心に」『上智大学教育論集』31号。

──────　2001　『日本幼稚園成立史の研究』風間書房。

──────　2009　「幼稚園の誕生とフレーベル主義教育」浜田栄夫編著『ペスタロッチー・フレーベルと日本の近代教育』玉川大学出版部。

──────　2011　「日本における幼児教育の系譜」永井聖二／神長美津子編『幼児教育の世界』学文社。

──────　2015　「「保育」という語の成立と展開」『上智大学教育学論集』49号。

第4章
西洋における保育の思想・理念の歴史
—子ども観の変遷を中心に—

　本章では、子ども観の変遷という主軸に沿って西洋の保育思想およびその歴史を学ぶ。保育とは、大人の子どもに対する関わりであり、教育と養護が一体となった営みであるが、その子どもの捉え方や子どもとの向き合い方は決して一様ではなく、場所によって異なり、また時代によって絶えず変化している。これらの変容は積み重なり、現代に生きる私たちの保育の古層に息づいている。古代ギリシアにはじまり、古代ローマ、キリスト教の思想が広まっていく時代を経て、中世、近代、現代へと、それぞれの時代の保育の実態と思想を紹介する。

Keywords

子育ての進化図式、小さい大人、ロック、ルソー、ペスタロッチ、
フレーベル、進歩主義教育・新教育、子ども中心主義、
エレン・ケイ、オウエン、マルクス、デューイ、フロイト、スポック、
モンテッソーリ

1　保育思想史とは？：西洋の子ども観の歴史的変遷

　保育とは、第一に大人と「子ども」とのかかわりあいである。保育に携わる者は、親であれ、それ以外の「保育者」であれ、子どもとの関係のうちに、保育という営みを有する。そうであれば、「保育とは何だろうか？」と問うことは、同時に「子ども」についても問いかけることであり、さらに言えば、「子ども」をいかなる存在であると見ているのかと自問することでもある。以下では、この保育者自らに向けられた問いである「わたしたちは子どもをどのような存在と観ているか」という

問いを中心的な軸として、西洋における子ども観について学んでいく。

　さて、「わたしたちは子どもをどのような存在とみているか」という問いは、「子どもが人々の間でどのような関係性のうちに置かれているのか」という問いに言い換えることができる。まずは、子どもと大人の関係のうちでも親子の関係について考えてみることからはじめたい。子どもがこの世に生を受けたのち、はじめて深い関係を取り結ぶのは「親」であろう。親子関係は深い絆で結ばれ、愛情に満ちたつながりであると私たちは素朴に考えている。ところが、この「絆」や「愛」といったものの内実は、必ずしも普遍的ですべての時代に共通のものであるとは言い切れない。

　心理史家のドゥモースは、西洋の各時代にみられる親子関係の特徴を進化論的な図式でとらえ、図のような形で提示している（ドゥモース 1990）。彼に従えば、親子関係のあり方は前時代の関係のあり方を引き継ぎつつ、主題化するものとしては歴史とともに変化してきている。

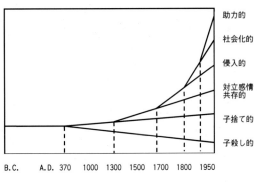

子育て様態の進化（L.ドゥモース 1990）を参考に田口作成

①子殺しモード（様態）[古代から4世紀にかけて]

　古代では、子殺しが日常的に行なわれた。ドゥモースは、これを親自身の心のうちに生じた感情を子どもに投影した行為であるとみなした。親はそもそも子育てに対する強い不安を抱いており、子殺しはその不安解消のためになされたのだとされる。本章の記述では、おおむね古代ギリシア・ローマ時代に相当する。この時代の子育ての「モード」が、以後の全時代の子育ての基層となる。

②子捨て的モード（様態）[4世紀から13世紀にかけて]

　キリスト教が西洋世界に徐々にひろく受容されていくにしたがって、子どもは魂をもつ存在として人びとのあいだに受け入れられるようになる。子育てへの不安は、今度は子殺しではなく、「子捨て」によって解消されるようになる。たとえば、乳母に預ける、修道院におくる、里子に出す、貴族に差し出す、あるいは親元に

置きながらも感情の絆を持たない家庭内での「子捨て」などがそうである。本章では、キリスト教思想と中世時代についての記述が、このモードに対応する。

③対立感情共存モード(様態)［14世紀から17世紀にかけて］

不安解消のための振る舞いが、「子殺し」「子捨て」といった子どもから距離をとる方法から、親の感情的生活の中にとり込むことでなされるようになる。子どもに対する情緒的な接近が親に見られはじめ、子どもの愛らしさに敏感になり、甘やかしの傾向も出始める。だがその感情は同時に、子どもを管理し、訓練しようという感情も生み出す。このような対立する感情の共存がこのモードの主題だ。本章では、中世キリスト教思想やロックの思想を通じて、このモードの様子の一端が伺われるだろう。

④侵入的モード(様態)［18世紀］

この時代の小児医学の確立が象徴するように、子どもを「客観的」な対象として把握する視点が親たちにもたらされはじめる。子どもに自らを投影することも減少し、子どもは親を脅かす存在ではなくなり、その結果、親の子どもに対する内面へのコントロールが強められる。子どもに対して、体罰のような物理的な暴力ではない内面的な「罰」もしばしば用いられた。このモードの特質は、近代の先駆者であるロックやルソーの思想にも見てとることができる。

⑤社会化的モード(様態)［19世紀から20世紀半ばにかけて］

子どもの養育が、親が子どもの意志を支配していく過程ではなくなり、子どもを訓練し、適切な方向へ導き、社会へ順応させていく過程、つまり社会化の過程を意味するようになる。親は子どもの教育について、自身の意図よりも社会からの要求に耳を傾ける。但し、子どもは未だ親の操作の対象として存在している。フレーベル以降の思想の中に、このモードが見出される。

⑥助力的モード(様態)［20世紀半ばから］

子どもに対して助力するという立場で関わろうとすることは、子ども自身が親よりも自らの人生に必要なことを知っているという主張を前提としている。子どもを操作の対象とするような配慮は放棄され、子どもに応え、ともに遊び、奉仕する絶え間ない「助力」が親には要請される。したがって、親が子育てに費やす時間とエネルギーはかつてないほど大きいものとなる。このような「子育てのモード」は、まさしく現代の保育・子育ての様子に見て取れる。

以上が、ドゥモースの描く**親子関係の進化論**である。この図式は親と子ども

の心理的距離の接近・変化の過程を主としたものであり、各様態の形成要因を社会的条件や環境などよりも、親の心理面に大きく求めすぎるきらいはあるが、子育ての歴史的変遷を理解する際の良い手引きとなるだろう。各モードは単純な移り変わりではなく、順に堆積するという重層的な特性をもって把握されている点には注意をしておきたい。以下では具体的に西洋の子ども観の変遷を学んでいく。

2　古代〜中世の保育

（1）古代ギリシアの都市国家と子ども

　まずは古代ギリシアにおける子育ての様子から確認していこう。ギリシア半島に都市国家（ポリス）をつくりあげた古代ギリシア人は、紀元前1100年頃北方から来た移民族だといわれている。古代ギリシアの時代には、彫刻、建築、悲喜劇等の諸芸術、あるいは科学や哲学の礎となる学問など、多くの文化が興隆した。いうなれば西洋の源流とも考えられる一時代であった。

　古代ギリシアの都市国家のなかでも、スパルタは強力な軍事国家として、アテーナイはソクラテスやプラトンを輩出したことで有名である。ここでは、古代ギリシアの都市国家を代表するスパルタとアテーナイの子育てについて見てみよう。

　プルタルコスが残した英雄伝記における「リュクルゴス伝」には、スパルタの子どもたちの様子についての記述がある。これによれば、スパルタの親たちは自分たちの子どもを、思い通りに育てることが許されていない。出産後、親はそのまま赤ん坊を集会所に抱いていく。そこには長老たちが控えており、赤ん坊は彼らによって詳しく調べられる。その時、しっかりしていて壮健な子どもだと見做されれば、親にはその子どもの養育が命じられ、土地も与えられたが、反対に不恰好・劣悪と見なされた場合、その子どもは、生きていたところで自らのためにも国のためにもいいことはないという理由で、深い穴淵の中へ放り込まれてしまう。

　伝承によれば、スパルタの国制を整備したと言われるリュクルゴス王は、スパルタの子どもたちを家庭教師に預けることを禁じ、またそれぞれの親が好きなように子育てすることも許さなかったといわれている。スパルタの子育ては当時の他の都市国家からみても際立ってはいたが、とはいえ、当時のギリシア人たちが持っていた考え方が先鋭化されたものに過ぎない。

古代ギリシアにおいては、親に自分の子の教育権はなく、国家こそが教育の権限を行使する唯一の管理者であった（クーランジュ　1956）。というのも、子どもは両親のものではなく、国家に属するものだったからである。したがって、子どもは国家に役立つよう養成されるべきものであり、都市国家の市民であることが人間の前提であった。アリストテレス（Aristoteles：B.C.384-322）は、著作『政治学』（アリストテレス　1961）の中で、スパルタが軍事を中心にして立法しており、戦争中は発展しても戦争を終えてしまえば滅びるだろうという理由から、その国家体制を批判的に評価しているが、そのアリストテレスでも「国民は誰でも自分を自分のものだと思わないで、全国民は国のものだと考えねばならない」と述べている。

　他方のアテーナイでは、軍事中心のスパルタとはまた異なる観点から、国家に従う市民を育成するための子育てが行われていた。アテーナイの新生児はスパルタでは禁じられていたおむつで包まれ、家庭では子を迎える祝宴が開かれた。子どもは揺りかごの中で子守唄を聞きながら眠り、裕福な家庭ではスパルタから雇った乳母がかたわらに控えていた。離乳期以後の子どもには粥や蜜が与えられ、母親は乳母と協力して養育にあたった。幼児期の子どもには女の子であれば人形、男の子であれば鴨、白鳥、ガチョウが与えられ、遊びとしては王様ごっこ、目隠し、玉投げ、竹馬、こま、ぶらんこなどがあったという（庄司　1985）。このような子育ての様子は、現代の子育てとあまり乖離してはいないようにも見受けられる。だが、幼いうちから道徳的な訓育に心を砕くなど、国法を遵守する"国家にとっての"よい市民を育てるという命題は、スパルタと同様に当然と見なされていた。

　古代ギリシアにおける子ども観の背景にあるのは、都市国家とその市民のあり方である。この時代の都市国家では、国内的には奴隷を管理し、対外的には戦争への備え、すなわち国家の軍事力維持が常に課題となった。華やかな文化の興隆の背後に国家を支える奴隷たちの労働があったものの、支配階級である市民たちは奴隷のおかげで悠々自適だったかといえば、必ずしもそうではなく、国力の維持・強化のため、市民の心身の修練が強く求められていたのである。

（2）古代ローマの家庭

　続いて、前5世紀頃のイタリア半島に端を発する、古代ローマの子育てをみていこう。初期の社会体制としては共和政であり、農作業を中心とした生活を営む家父長権社会であった。農業が生活の基盤である小さな共同体にとって、子育ては家族の問題であり、教育の権限も全て家長たる父に与えられていた。前5世紀半ば頃、古代ローマにおいて初めて定められた成文法「十二表法」における第四表の規定によれば、家長は子どもに対して生殺与奪の権限を持ち、法律的上、子どもを強制的に結婚させたり、養子に出したり、奴隷として売却したり、罰として重労働を課すことや、殺すことさえ認められていた。このように、家族を一単位とする強力な父権制度が構成されており、また古代ギリシアとは異なって、家族の問題である教育に国家が介入することはなかったと考えられている。

　この時代、子どもが7歳になると、父を唯一の教師として行動を共にし、読み書きに始まり生活のあらゆることを父から教わるのが通例であった。ただし、子どもがその年齢に至るまでは、幼児教育の担い手は母親であった。優れた大人物を育てた教育熱心な母親は人々から賞賛を浴びることもあった。帝政期ローマの政治家にして歴史家でもあったタキトゥスは、例えば、そのような共和政期の優秀な女性として、元老院に反発し貧しい農家のための改革に取り組んだグラックス兄弟の母、後代の帝政の土台をつくったカエサルの母、またローマ帝国初代皇帝のアウグストゥスの母などの名を挙げている。

　さて、時代が下ってローマが対外戦争に奔走し帝国化の様相を呈しはじめると、社会の変化とあわせて、子育てもその影響を被ることとなる。ローマの領土拡大に伴い、多くのローマの男子は兵役や遠征で自宅を空けることになり、これまでの教育を維持することは不可能になってゆく。それと同時に、パエダゴグスと呼ばれる教育に携わるギリシア人奴隷がローマに流入しはじめる。当初は子どもたちの読み書きの学習の手伝いや通学のお供をするに過ぎなかったパエダゴグスは、やがてローマ人の家に入るようになる。その変化は言葉にも表れ、例えば、ラテン語のeducare（育てる）という言葉は両親の子育てにあてはまるだけでなく、多分に教育的な側面を持つ、子どもを世話する人びとの行う子育てについても用いられるようになっていった。

　ところで、このような古代ローマの時代の移り変わりとそれに伴う大きな変化

があったにも関わらず、根本的なところでは変わらぬ点があった。古代ローマにおける教育は、軍事に奔走していても古代ギリシアのように国家の問題となることなく、なお「家」の問題であり続けたという点である。

（3）キリスト教思想と中世

　古代ローマに崩壊の兆しがあらわれはじめる313年頃、コンスタンティヌス帝の発したミラノ勅令により、それまで弾圧されていたキリスト教が公認される。以後、キリスト教は西洋の文化を理解する上でも無視できない大きな要素となる。

　初期のキリスト教思想にとっても、家庭は母を中心とする子育ての重要な場所とされ、特に、聖母マリアとキリストの関係は、母性愛と信仰の典型と仰がれ、母親たちは、マリアを模範とした幼児教育者であることに努めた。だが、その子育てには、早くから賛美歌を覚えさせるといった、わかりやすい宗教的な教育の特徴以外にも、キリスト教思想ならではの特徴が見られ、現代のわれわれが素朴に考える子育てとは異なる価値観を見出すことができる。

　まずは、キリスト教の根本的な思想理解のため、ローマ帝国末期、北アフリカのタガステに生まれたキリスト教の代表的教父であるアウグスティヌス（Augustinus：354-430）の思想を確認しておこう。

アウグスティヌス

　アウグスティヌスは『聖書』を重視し、とりわけ「創世記」に描かれる「神は人間に自らの姿を似せて創造した」という箇所に着目した。神が自分に似せて作ったものであるからには、人間は魂をもち、また、子どもといえども人間であるため、当然「子殺し」は忌避される。このような子ども観はキリスト教思想に根づいていき、例えば、すぐに成果を挙げはしなかったものの、374年、ローマ皇帝は子殺しを重罪とする布告を出す。子どもを「殺す」ことは「罪深い」行為とされたことから、修道院に預けたり、教会の設けた子捨て所へ子どもを出したりという、「子捨て」が見られはじめる。

　さらに、「神の似姿」という人間観について注意を向けておきたいのは、神と人間との間に断絶が認められているということである。神に似せて創られたもの

とはいえ、やはり人間は人間であって、神ではない。これについてアウグスティヌスは次のように考えた。旧約聖書において、最初の人間とされるアダムとイヴは神の命令に背き、そのため楽園を追放されたと記されている。この罪はアダムとイヴから受け継がれ、生まれながらに全ての人間が持っているものとされた。これを「原罪」という。原罪によって、神と人間は、その調和を破綻させてしまっているため、この世において人間は、神の愛に導かれながら、神を目指さねばならないという教義が生み出された。その神とは、最高の「善」であり真理である存在である。こうして、人間的な生の根源に「原罪」を据え、そこから出発して真理を目指してゆくというモデルは、アウグスティヌスのみならず、トマス・アクィナス（Aquinas, Thomas：1225頃-1274）をはじめとして、後のキリスト教思想家たちに引き継がれていく。このような人間の捉え方は、「魂」を持つとされる人間の内面を捉えるための決定的な要素として考えられ、中世以降の西洋世界全体にも長く尾を引き、教育や保育の考え方に対しても、大きな影響を与える。すなわち、親が子に対して相異なる感情——一方で子どもを愛で、他方で厳しくあたる——を抱かせることにつながっていった。

　もし、人間が「原罪」を負ってこの世に生を受けるのであれば、子どもは生まれつき（神の住まう国から）堕落した存在と考えられることになるだろう。子どもに鞭を打ち矯正することは、何ら悪いことではなく、むしろ子どもの生まれつきの「悪」を抑えるために必要なものとさえ考えられる。このような認識をもとにして、魂に「善」が欠けているがゆえに、「真理」に基づく知識を植えつけねばならぬといった「**性悪説**」的な子ども観も醸成されていく。

　それと同時に、教育のあり方にも「贖罪」としての性格がもたらされる。教育・保育を、贖罪として捉える思想が覆されるのは、後述するルソーやモンテッソーリといった近代的な子ども観の源流となった思想家たちの登場を待たねばならない。

　しかし、長い中世時代の終盤において、その後の変化への布石となる思想が生み出されもした。近代的な子ども観を下準備したものの一つが、宗教改革である。この革命の旗手となった**マルティン・ルター**（Luther, Martin：1483-1546）は、『聖書』をドイツ語に翻訳し、全てのドイツ国民に聖書を読めるだけの識字を保証する義務教育の学校設立を呼び掛けた。

　ルネサンスの時代、ルターやエラスムス（Erasmus：1494-1536）といったヒ

ューマニスト(人間性の解放をうたった人文主義者)たちは、神の前での人間の平等を唱え、体罰や、カテキズム(教理問答)などの暗唱などが横行していた当時のキリスト教学校に反発し、時代の流れの中で段々と硬直化していった旧態のキリスト教的な教育から人間性を解放しようとした。ヒューマニストたちの活動は、神を目指す人間のあり方よりも、人間であることへと関心を向けるように転換させるきっかけをつくったのである。保育に関連付けて言えば、これらヒューマニストたちは、子どもを「**性善説**」的にとらえるまなざしをもっていた。例えばエラスムスの『幼児教育論』の中では、当時のがんじがらめで注入主義的な学校のあり方が非難され、子どもを自由でいきいきとした人間に育てるために、子どもの学習を楽しくし、遊戯や絵画を利用することが提案されている。だが、それでも、やはりこうした先鋭的な主張は、時代を先取りした少数の思想家のものに過ぎず、人々が子どもを「自由」で「主体的」な存在と捉えるには、まだまだ時間が必要であった。

今度は、個別の思想家ではなく、その時代に生きた人びとの様子に目を向けてみよう。『アンシャン・レジーム期の子どもと家族生活』(邦訳『〈子供〉の誕生』)を著した歴史家アリエスによれば、中世においては、近代以降に生きる私たちが抱いているような子ども観はなかった(アリエス1980)。近代以降の人々が

ラニエ画「職人とその子供」(アリエス 1980)

抱くような子ども観が芽生えはじめるのは、ようやく13世紀頃になってからのことであるという。

例えば、16世紀までは子どもの肖像画が描かれてこなかったが、これは、死んでしまった子どもに対する郷愁がなかったことを表しており、また17世紀までいわゆる「子ども服」がなかったことは、子どもは大人のお古を着用するものであって、特別に子どもらしさを備えた服を仕立てるという発想がなかったことを示している。つまり、中世において子どもはあくまで「**小さな大人**」としか見なされてい

なかったのである。働けるように
なれば一緒に仕事をするこ
とはもちろん、一緒にダンスを
したり楽器を演奏したり、その
他の遊びや賭け事でさえも大
人と共有されていた。子ども
は、大人たちが大事に守り育
てるものというより、共に遊び、
また共に働くものと考えられて

ラニエ画「居酒屋」（アリエス　1980）

いたのである。その点、キリスト教が伝播していく過程の時代に比べて、中世後
半では「子ども」はより大人に近い存在となる。現代の私たちが子どもを前にして
抱く感情は、少なくとも近代以前の中世時代のそれとではだいぶ異なっていた。

3　近代保育思想を準備した思想家：ロマン主義と新教育

（1）ジョン・ロック

　親が「子捨て」を行う時代の様態から、「子ども」に対して相対立する心情を
抱く様態への変化は、中世を通じて徐々に進行していく。親が子どもに感情的
に接近すれば、共に生活していく「家庭」の重要性が認められるようになってくる。
初期近代のイギリスにおいて、それを予言するかのような考察を残している思想
家が**ジョン・ロック**(Locke, John：1632-1704)である。経験論哲学の樹
立者であるロックは、白紙に文字を書きつけるように、教育は子どもの精神に知
識を刻み込むという精神白紙(タブラ・ラサ)説の下地をつくった、注入主義的
な教育観で知られる。1693年、ジェントルマン(地方の名家)階層に向けて書
かれた**『教育に関する考察』**(ロック　2011)では、家庭における子どもの教
育方法論が仔細に述べられている。

　このように家庭での子育てを奨励する主張は、親と子を感情的に近付けるも
のである。この心理的接近の結果、子どもは親にとって愛らしい存在となり、子
どもの内に宿る純粋さを見つめさせる一方、子どもを冷静に捉えるまなざしもつく
りださせる。このまなざしは近代以降において、生産を担う主体としては未だ発達
しきれていない「未成熟」の存在として子どもを描き出させるに至る途上のものと

考えられるだろう。子ども甘やかしたくなる感情と管理しようとする相対立する感情は、子どもを客観的に見つめさせ、そのことによって子どもをコントロールしようとする力が身体に対して振るわれるのではなく、内面へと侵入していくモードを準備した。ロックにおいては、既に体罰の禁止が唱えられ、それとあわせて賞罰を子どもの内面に向けて行うことが勧められている。具体的には、子どもを叩いたり叱ったりして苦痛から逃れるために何かさせるように仕向けたり、ご馳走などのほうびを与え快楽を求めて何かをするという風に仕向けるのではなく、恥を教え名誉を教えることで理性的に自らの行動が選べるように教育するべきと説かれている。

（2）ジャン＝ジャック・ルソー

ルソー

　子どもを「小さな大人」と捉えていた中世の子ども観は、ルネサンス、初期近代（17世紀頃）を経てさらなる変化をみる。ルネサンス期においては「教育されるべき動物」として、初期近代には「白紙」の精神をもつ存在と子どもを捉えていた観点は退いてゆき、この頃から徐々に、大人とは異なり、また守られるべき存在としての子どもという、現代の私たちが持つ観念に近い子ども観が作られていく。また、これに伴い「家庭教育」も自明のものとなっていく。

　この新しい子ども観の一源流となっているのが、**ジャン＝ジャック・ルソー**(Rousseau, Jean-Jacques：1712-1778)である。18世紀半ば頃に活躍したフランスの思想家ルソーは、フランス革命の精神的支柱となる著作を公刊しただけでなく、教育に関しても世に多大な影響を与えた。彼の代表的著作が**『エミール、あるいは教育について』**（1762、以下**『エミール』**と表記）である。本書の思想がこれまでの子どもの捉え方と一線を画するのは、子どもの「固有性」を見出した点にある。すなわち、子どもは大人と異なり、感じ方や考え方も子どもに特有のものがあるのであって、教育の根本的な改革のためにはまず、子ども自体を捉えなおす必要があるという主張である。この主張と軌を一にするように、この時代には、小児医学の誕生や、幼児の死亡率の減少傾向などがみとめられ、社会的にも、子どもを客観的に見

82

つめる視線が生じた。

　さて、ルソーの思想の根底には、「人工」物への懐疑と、それと対をなす内な
る「自然」への信頼がおかれている。たとえば、当時、貴族階級では子育てを
乳母が行うことが常であったが、母乳で育てることを強く主張したのもルソーであ
った。『エミール』冒頭には、「万物をつくる者の手をはなれるとき、すべてはよい
ものであるが、人間の手にうつるとすべてが悪くなる」(ルソー　1962：23)という
言葉が掲げられている。ここにも表されているように、ルソーは、それ以前の時代
の性悪説とは打って変わって子どもの自然本性を善なるものとみなす「性善説」
に立っていた。子どもの心に悪が生まれるのは、人間が生まれつき悪だからで
はなく、人間の社会に交わり、本性が歪められてしまうせいだと考えたのである。
よって、子どもの自然本性をうまく引き出していくことが教育の重要な課題となる。
当の子どもは、大人と異なる形で感覚的な理性をもち、五感を通じて様ざまな
事物に触れ、体当たりで学んでいく。大人は余計な介入を控え、子どもたちの
内なる自然本性、すなわちその本質上宿っている発達に沿って成長を援助す
ることが第一とされた。

　ルソーのこのような主張は**子ども中心主義**のルーツのひとつとなる。このル
ソーの教育に対する態度は**消極教育**と言われ、注入主義的な教え込みを旨
とする「積極教育」の対極にあり、現代でいうところの「環境を通した保育」という
思想の原型となるものである。

(3) ペスタロッチ

　前述したルソーの思想は後の時代に受け継がれ展開していく。たとえば、貧
民学校や孤児院などで貧しい子どもたちを集めて教育実践を展開した、スイス
の教育家**ペスタロッチ**(Pestalozzi, Johann Heinrich：1746-1827)は、
ルソーの思想から大きく影響を受け、具体的な実践へと発展させた。ペスタロ
ッチも人間の自然本性を尊重することを唱え、教育はその子どもの自然を助け
るものとされた。ペスタロッチの思想の鍵は、生活することと教育との結びつきに
ある。

　ペスタロッチが生きた時代、産業革命の波が農村にも押し寄せ、昔ながら
の共同体の中での生活が崩れつつあった。工場制労働の広まりと、都市への
集住の加速など、生活のための基盤の大きな変化は、貧困家庭の人々の人

間性と生活の荒廃を引き起こしていた。そのような
現実を受けて、『隠者の夕暮』(1780)や『シュ
タンツだより』(1799)などを著したペスタロッチ
は、「手 hand」(身体)と「頭 head」(知能)と「心
heart」(道徳)を調和的に協働させる教育を構想
することが必要であると主張した。

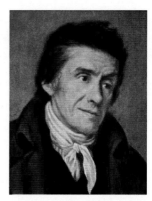

ペスタロッチ

　さらにペスタロッチは、そのような教育の理想は
「生活」を通じてかなえられるものであるとした。晩
年の著作『白鳥の歌』(1826)においては、子ど
もの生活自体が子どもの人間性を育むと述べら
れている。よって、子どもたちの身近な実生活をし
っかりと立て直すことが教育にとって第一とされる。そして、その「生活」の理想と
してペスタロッチが思い描いたのは、愛情に満たされた家庭生活であった。家
庭生活こそが、他者との関係性を築いていくための礎となり、また道徳的な成
長、さらには知的成長を可能にすると考えられたのである。

　ペスタロッチが大切にした家庭における教育という理念は、ロックやルソーか
ら発し、さらにはフレーベルへと受け継がれていくことになる。

(4) フレーベル

　前述のペスタロッチの思想には、子育てのうち
に社会化的モードが重なってくる様子が見て取
れるであろう。社会全体の生活をよりよいものに
作り変えるには、まずは子どもたちの生活から変
えていかねばならない、ということである。さらに、
ルソーやペスタロッチの思想から影響を受けた
フレーベル(Fröbel. Friedrich：1782-185
2)において、この社会化モードの傾向はいっそう
顕著になっていく。フレーベルといえば、1840年
にドイツにつくられた「子どもの園
(Kindergarten)」が良く知られている。これは

フレーベル

「幼稚園」の源流といわれている。なお、後に触れるオウエンもまた保育施設を

構想していたが、民衆一般の集団保育による人
間形成を目指した施設であった。それに対し、フレ
ーベルにおいては家庭教育が理念化され、その
延長上に、家庭の補完として幼稚園が構想され
ていた。

第一恩物

　さて、フレーベルもまた子どもの内的な本性を
善とし、子どもの諸特性は彼らに内在する神性の
現れであると考えていた。主著である『**人間の教
育**』(1826)の冒頭においては、全てのもののなか
に神的なものが宿り、働き、支配していると述べら
れている。教育の在り方に監しても、子どもがもつその神性を損なわぬように、ル
ソーの消極教育と同様、受動的、保護的な観点に立つべきとされた。命令や
干渉をせず、あたかも庭師が土を耕したり水を与えたりして植物の成長を見守り
つつ支えるように、子どもの内的な成長を促すための環境整備を行うことが求
められた。幼稚園の「園(Garten, garden)」とはすなわち、子どもたちを花々と
とらえ、園を彼らが成長していく庭ととらえていたことを表している。

　また、子どもに宿る神性は、子どもの主体的な活動である「遊び」の中に見
出されうる。フレーベルにとって、遊びには人間の様々な活動から宇宙の秩序
までが凝縮されており、内なる神秘を自由に表現することを通じて人間的な成
長を促進する作用があるとされた。「遊び」の中で子どもの神性をいかんなく発
揮するための遊具としてつくられた6種(現在では20種にのぼる)の「**恩物 Gabe**」
は、球体や立方体、三角柱などがあり、積み木のルーツと言われている。それ
ぞれに、フレーベルの思想がこめられ、子どもの多面的な発達を促すための工
夫がこらされている。

（田口賢太郎）

4　子どもの近代

　本節では、20世紀の保育思想に影響を与えたものとして、①産業革命とマ
ルクス主義思想、②精神分析的な発達論、③新教育と子ども中心主義、と
いう三つの論点から考えてみたい。19世紀以降の国民国家の成立や産業革

命による工業化の進展は、教育によって国民をいかに作るかという関心のもと、国民教育制度としての学校制度を拡大させた。このことは、現在の私たちが想像するものと近い形の集団保育の原型を生み出すとともに、近代保育思想を準備した思想家たち(ロック、ルソー、ペスタロッチ)の著作に学び、それを乗り越えようとする思想や実践として、「新教育」と「子ども中心主義」に影響を受けた保育思想を生み出していったのである。

(1) 産業革命と子どもたち：オウエンの幼児学校

　産業革命以前や農村社会のイギリスでは、就学前年齢の子どもたちは、家庭のなかで農作業や料理のお手伝いをしたり、近所にある「おかみさん学校」の意味を持つ「デイム・スクール(dame school)」に預けられていた。そこでは、子ども同士が遊ぶだけでなく、裁縫や刺繍のお手伝いに加わったり、教理問答(カテキズム)や読み聞かせを通して、言葉や文字の読み書きを習っていた。だが、このような場は、公的なものではなく、あくまで民家で行うプライベートかつ小規模な取り組みであった(松塚 2001)。

　18世紀から19世紀にかけて、イギリスは、産業革命による都市化や工業化、海外の植民地の獲得を進め、「世界の工場」と呼ばれるまで発展を遂げていく。だが、このような産業構造の転換は、農村から都市への人口移動をもたらし、資本家と労働者の間に階級対立が生じるようになる(長谷川 2012)。それと同時に、女性たちや幼い子どもたちも、賃金の安い労働力として、劣悪な環境で長時間の労働に従事するようになっていった(ナーディネリ 1998)。

　19世紀は、都市の子どもや家族が置かれた厳しい社会状況がよりリアルな形で描かれるようになった時代である。例えば、家族を失い、貧困にあえぐ子どもたちを描いたのは、ヴィクトリア朝期(1837-1901)のイギリスを代表する作家であったチャールズ・ディケンズ(Dickens, Charles:1812-1870)である。ディケンズは、小説『オリバーツイスト』(1838)のなかで、非情な救貧院で育てられた孤児オリバーが、児童虐待や非行、犯罪などに巻き込まれながらも、厳しい環境を生き抜く姿を描いた。また、ドイツの社会主義者であったフリードリッヒ・エンゲルス(Engels, Friedrich:1820-1895)は、『イギリスにおける労働者階級の状態』(1845)という著作のなかで、都市の労働者階級の生活状況を調査している。この著作は、幼い貧民の子どもたちが工場のなかで雇用されており、子ども

の健康や成長に悪影響を与えるほど危険な環境に置かれていることを告発するものでもあった。社会批判のモチーフを含むさまざまな文学作品や社会調査が世に問われることで、子どもたちを学校に通わせることができるように児童労働の廃止や女性労働者の保護を求める声は徐々に高まりをみせ、法制度の整備や社会政策の実施へとつながっていった。

ヨーロッパにおける保育の源流として言及されるのは、イギリスの実業家であった**ロバート・オウエン**(Owen, Robert:1771-1858)である。オウエンは、スコットランド郊外のニュー・ラナークにある紡績工場の経営者となり、合理的で秩序立てられた労働環境のなかに子どもの保護と教育にふさわしい施設を用意することで、理想的な共同体の建設に取り組んだことで知られている。

オウエン

オウエンは、1816年に、工場の敷地内に、「**性格形成学院**」という学校を設立する。この性格形成学院は、3種類の施設から成り立っており、1歳から6歳までの乳幼児を対象とした「幼児学校」、6歳から10歳までの児童を対象とした「昼間学校」、そして、すでに工場で働いている青少年のための「夜間学校」という、乳幼児から成人までを対象とした総合的な学園として構想されたものであった。

このオウエンの「幼児学校」において重要な点は、200名もの乳幼児たちが在籍した大規模なものであり、世界初の集団保育施設であったということである。この乳児学校の根幹を構成していたのは、人間の性格は環境が決定するという「環境決定論」の立場である。オウエンは、工場で働く人たちの労働や生活を観察するなかで、道徳性の堕落を、社会制度のゆがみから生じたものと捉えるようになる。このような考え方は、工場における劣悪な労働環境や児童労働を批判する原理となるとともに、人間形成における幼児教育の重要性を論じるものへとつながっていった(佐伯 2014)。

しかしながら、このようなオウエンによる共同社会の試みは、工場の共同出資者たちと対立するなど、必ずしも成功したわけではなかった。だが、オウエンが世に問うたユートピアとその実践の数々は、その後の協同組合・消費組合運動などに理念モデルを提供するのみならず、社会主義思想における保育の理

想形として引き継がれていった。

（2）マルクス主義に基づく集団保育・全面発達

　オウエンの思想と取り組みは、保育思想史にとって二つの観点から重要な意義を持つ。一つは、彼の取り組みが、フレーベルが展開した幼稚園のような富裕層や中産階級の子どもたちのための教育制度とは異なるものとして、母親が家庭の外で働かなければならない一般民衆を対象とする集団保育の形態として広まっていったということである。

　そして、もう一つは、オウエンの思想が、後の社会主義思想の源流として位置づけられ、マルクス主義思想の発展に刺激を与えていったことである。ドイツの哲学者**カール・マルクス**(Marx. Karl:1818-1883)は、これまでのオウエンのような理想主義的な思想は、理想的な社会を実現・維持するための手段・方法を持たなかったとして、それを「空想的社会主義」だと批判した。その一方で、「社会的存在に意識が決定される」という「史的唯物論」を唱えた。そして、史的唯物論こそが、社会科学の基盤であるとし、史的唯物論に基づいた社会認識と、社会変革の道すじを描き出すマルクス主義思想(Marxism)を、「科学的社会主義」だと自任した。このマルクス主義思想は、20世紀の哲学、経済学、社会学のみならず、教育・保育思想や実践にも大きな影響を及ぼしたのである。

　マルクス主義の立場に立つ保育理論は、次節で紹介するような新教育を批判している。というのも、新教育を支えてきた思想が、資本主義社会の求めに応じて、資本主義社会を支える人間を教育することを目指すものだと考えられたからである(小玉 2003)。マルクス主義の立場からは、新教育は、個人主義的であり、生物学主義的であり、適応主義的であると見なされた(矢川 1963)。

　新教育が個人主義的だというのは、集団による保育の意義を認めていないということである。新教育が生物学主義的だというのは、人間の行動を、刺激に対する反応と見なすため、人間がその他の動物から区別されないということである。マルクス主義の立場からは、人間は、歴史、文化を身につける中で、初めて人間らしい存在となる。動物は、つねに「今」を生きているために、歴史や文化をもたない存在であると考えられる。歴史、文化をもつかどうかが、人間

と動物を分けると考えられているのである。新教育が適応主義的であるというのは、子どもたちが参加する活動が、結局は、現在の資本主義社会の中で必要とされているものにすぎないということである。資本主義社会の中で必要とされるふるまいを身につけることはできても、それを批判的に捉えて、新しい行動様式をつくり上げていこうという主体性は生まれてこないというのである。

　例えば、ロシアの教育者アントン・マカレンコ（Makarenko, Anton:1888-1939）は、資本主義の要請に基づく個人主義の弊害を取り除こうとして、集団主義教育の思想をつくり上げた。マカレンコの思想に基づいて、戦後の日本においても、「**集団保育**」の実践が展開された（佐伯 2014）。集団保育では、一人ひとりの子ども個人がもつ素朴な考えを、集団の中で「伝えあい」、議論して鍛え上げていくことで、より客観的な認識を子どもたちに獲得させることが目指されている（いぬい 1981）。

　さらに、マルクス主義者は、分業化された資本主義社会のなかの、ある特定の職業技能に特化した教育を批判した。労働に関わる汎用的な能力の発達をめざしたウクライナの心理学者グリゴリー・コスチューク（Kostjuk, Gregory:1899-1982）らは、能力の「**全面発達**」論を唱えた。この「全面発達」論は、戦後の高度成長期、資本主義社会における矛盾が実感される中で、教育・保育関係者に広く受け入れられた（青柳 2012）。というのも、「全面発達」論は、資本主義社会の学校教育における能力主義的な選抜や、特定の技能の開発のみを目指すような職業教育の弊害を批判する際のよりどころになると考えられたからであった。

（3）精神分析からみた子どもの発達

　児童心理学と並んで、20世紀の子どもの発達理論の枠組みを提供したのは、精神分析である。精神分析とは、オーストリアの精神科医**ジグムント・フロイト**（Freud, Sigmund:1856-1939）によって考案されたもので、主に神経症で苦しんでいる患者の無意識を解釈し、症状を和らげるための技法である。フロイトとその弟子たちは、神経症の症状の原因が、患者の生い立ち、特に乳幼児期の記憶の中にあると考えた。そして、乳幼児期が、人格の形成にきわめて大きな持続的影響を与えるとした。

乳児期の子どもは、まだ自分と他者との区別が
ついておらず、無意識的なさまざまな欲動に突き動
かされる存在である。フロイトは、子どもが自らを客
観的に捉え、自らを理性的に律することができるよう
になるためには、自我を確立する過程で、社会的
な権威や規範を内面化し、獲得する必要があると
主張した。

フロイト

　フロイトは、子どもは、他者と繋がり、関係性を結
ぼうとする性愛的なエネルギー(リビドー)を持つと考
え、他者との関係性の原型は、母親と子どもとの
間の身体的・情緒的な交流にあると主張した。フロ
イトの幼児性欲説とは、「子どもは、発達の段階に応じて、身体の特定の部位
(性感帯)を介して他者との身体的・精神的な交流を求める欲求をもつ」とする
考え方である。

　フロイトによれば、子どもが、他者との交感を行おうとする身体的な部位は、
「口唇期」(0歳から1歳半頃)、「肛門期」(2歳から4歳頃)、「エディプス期」(3
歳から6歳頃)、「潜伏期」(6歳から12歳頃)、「性器期」(思春期以降)という
ように、発達の段階に応じて移り変わっていく(フロイト 1997)。例えば、「口唇期」
においては、子どもは、口唇を介して、母親の授乳による満足を通して愛着形
成を作り上げていく。「肛門期」の子どもは、トイレット・トレーニング(排泄訓練)を
通して、排泄についての他者の期待に応えていくことで規範を習得し、そのこと
に満足を得ようとするという。

　ただし、フロイトによる幼児性欲説は、20世紀前半において一般的だった、
子どもを純粋無垢で性欲をもたない存在として捉える見方とはかけ離れていた
ため、大変なショックとともに受け止められ、反発も産み出した。しかしながら、2
0世紀の半ばには、多くの育児書が、母親たちに対して、子どもに心理的なスト
レスやトラウマを与えないよう求めるようになった。そこでは、「子どもの要求に耳を
傾けよう」という子ども中心主義と共鳴したメッセージが、親に対して発せられた。
このことは、フロイトの精神分析に基づく子ども観が、育児論として、多くの親・家
庭に受容されたことを示している。

（4）20世紀の育児のバイブル：『スポック博士の育児書』

精神分析的な発達観に強く影響を受けたもの
で、最も有名なものが、小児科医**ベンジャミ
ン・スポック**（Spock, Benjamin：1903-199
8）による育児書『スポック博士の育児書』（1946
年）である。この育児書は、第二次世界大戦終
結後のベビーブーム世代の親たちを中心に多く
読まれ、世界中で5000万部という聖書に継ぐベ
ストセラーとなったと言われている。

スポック

スポック以前、20世紀初頭のアメリカでは、小
児科医や心理学者によって、哺乳瓶で飲むミル
クの調合やそれを飲ませるタイミングを、スケジュー
ル通りに実施するよう求める科学的な育児法が提案され普及していた。当時の
育児書では、母親による授乳は、決められたスケジュール通りに行うことがよい
とされており、トイレット・トレーニングに関しても、厳しくしつけることが望ましいとされ
ていた（恒吉ほか 1997）。

これに対し、スポックの育児論は、子どもの欲求を、その都度満たしてやること
が、身体的発育のみならず心理的な発達に良い影響を与えるとした。例えば、
スポックは、母親による授乳は、子どもが欲しがるタイミングに合わせて乳房から
母乳を直接与えるのが望ましいとし、哺乳瓶によって人工調乳を与えるのは望
ましくないとした。さらにスポックは、トイレット・トレーニングの開始時期も、子どもの
年齢段階に応じて決めるべきであるとし、厳しすぎるしつけによって、子どもを欲
求が満たされない状況においてはならないと主張した。

さらにスポックは、母親たちに自信を持って子育てに取り組むよう求めた。彼は
自らの育児書のなかで、「いらいらハラハラしながら、育児書どおり一生けんめ
いやるよりも、すこしくらいまちがっていたって、親の素直な気持で育てたほうが、
ずっといいのです」と述べている（スポック 1966）。それ以前に医師たちが執筆
してきた育児書が、母親に対して、科学的に正しい育児を学ばせ、実践させよ
うとしていたのに対して、スポックの育児書が推奨したのは、母親が主体となって
育児を楽しむことであった。

スポックは、フロイトの精神分析に基づく発達理論をわかりやすく語った。スポ

ックの寛容な子育ての勧めは、第二次世界大戦後のベビーブーム世代の親たちの価値観と合致し、広く受け入れられた。戦後の日本でも、スポックの育児論は、アメリカの民主的な理念に基づく子育ての方法として紹介され、翻訳された『スポック博士の育児書』はロングセラーとなった。

（鈴木康弘）

（5）新教育運動

　現代まで続く保育思想に大きな貢献をした教育運動が「**新教育**」である。新教育は19世紀後半から20世紀初頭までの時期を中心として展開され、ドイツでは「改革教育」、アメリカでは「進歩主義教育」、日本では「大正自由教育」と呼ばれた一連の教育・保育思想およびそれに基づく実践の総称である。これらは必ずしも保育だけに限った運動ではないが、20世紀以降の保育思想を見ていく上でも欠かせない運動となっている。

　新教育運動を生み出すことになった背景を二点指摘しておこう。第一には、19世紀後半には近代的な学校教育制度が整備され、あらゆる国民に初等教育が保障された反面、多くの子どもに対して効率的に知識や技能を伝達することに重きが置かれたことである。その反動として子どもの自己活動や自発性がないがしろにされているという批判が展開することになる。第二には、この時期に大きな社会変動が起こったことである。第一次・第二次産業革命を経て欧米諸国を中心に工業化が進み、選挙権の拡大も相まって、都市部に消費資本主義という新たな生活スタイルが出現する一方で、都市部と周辺部や地方との格差が拡大した。そのなかで、未来を担い、社会をよりよきものへと改良していく人材が求められた。新教育運動はこうした教育的課題と社会的課題に対して思想的な側面だけではなく、学校教育改革または新たな教育実践として応えていったのである。

（6）エレン・ケイ

　新教育のなかでも中心的な考えとなったのが、「**子ども中心主義**」である。子ども中心主義は、従来の教育の関心が、教育内容や方法に偏ってしまい、子どもに対する理解や関心に欠けていることを批判し、子どもの本性に基づく教育の構想を展開した。子ども中心主義の思想が顕著に見られるものとして

知られているのは、**エレン・ケイ**(Key, Ellen : 1849
-1926)の『**子どもの世紀** *The Century of the
Child*』である。

ケイ

　ケイはこのなかで、あまりにも画一化し、子どもを「規
格化児童」に仕立て上げる旧教育の弊害を批判し、
一人ひとりの子どもの個性を理解すること、また教育・
保育は子どもが自発的に活動し、成長することに資す
るものでなければならないことを説いた。そうした観点か
らすれば、子どもを教育・保育するということは、子ども
の精神を子ども自身の手のなかに握らせ、子どもの足
で子ども自身の道を進ませるようにすることであった（ケイ 1979：145-146）。

　ただし、過去の旧教育を批判するということが、過去の教育思想を批判する
ということを意味するわけではない。むしろケイは、ルソーが子どもの本性の探究
に乗り出したことを評価し、いわゆる「消極教育」に対しても賛意を示している。し
たがって、ケイの思想、また新教育運動一般にもいえることは、それらはルソー
やペスタロッチ、フレーベルといった近代の教育・保育思想を継承しつつ、その
なかに子ども中心主義を読み込み、整備されつつあった学校教育体系のなか
においてそれを実現しようとした運動であることである。

　さらにケイは、教育・保育は子ども自身のためだけに存在するのではなく、社
会の進歩を担うものであるという。つまり、「人類全般、すなわち種族と社会の
進歩のためには、こうして教育が独立感情を呼び起こし、これを勇気づけ、かつ
これを支持することが根本」となり、個性を尊重されつつ教育・保育された子ど
もは古い習慣にとらわれることなく、社会改革、社会改造を担う存在となる（ケイ
1979：152）。ケイの子ども中心主義の思想には、子どもの成長や発達と社
会の進歩という二つの側面が教育・保育を媒介にして結びついているのである
（小玉 2003：143）。

（7）スタンレー・ホールとジョン・デューイ

　スタンレー・ホール(Hall, Stanley : 1844-1924)は、アメリカの心理学
者である。ホールはこれまでの教育・保育の思想家たちとは異なり、哲学的な
考察や少数の子どもの観察から教育・保育にアプローチするのではなく、でき

るだけ多くの子どもたちをできるだけ多くの側面におい
て調査をしなければならないとし、質問紙にもとづく大
規模な研究を始めた。このように、多量のデータを集
めることで子ども間にある偶然の差異は取り除かれ、
あらゆる子どもに普遍的にみられる発達の法則を科
学的に明らかにできるというのがホールの主張であっ
た。この心理学的な手法は、その後学校教育改革を
目指した研究者たちにも取り入れられ、1880年代か
ら1920年代まで「**児童研究運動**（Child Study
Movement）」として展開されることとなった（松岡 1982）。

ホール

　この運動に現れているのは、心理学的手法の科学性の強調だけではなく、
さまざまな発達段階における子どもの自然的本性の解明と、それに即した教
育・保育を見出していく必要があるという主張である。したがって、ホールにおい
ても子どもの本性をないがしろにする旧教育は批判されることとなる。つまり、
「学校は子どものために存在し、学校のために子どもがいるのではない。幼稚
園から大学まですべて、子どもと青年の自然とニーズに応じていくことのできる
柔軟性をもち、それに従属していかなくてはならない」という子ども中心主義的な
考えをもって、従来の権威主義的な教育方法ではない姿勢で子どもと向き合
い、児童研究を進めたのである（朝日 1995）。

　一方、**ジョン・デューイ**（Dewey, John：1
859-1952）は、アメリカにおける「**進歩主義教
育**」の理論的・実践的基礎を提供した人物であ
るとともに、20世紀アメリカを代表する哲学者でも
あった。教育・保育思想に大きな影響を与えた著
作として『学校と社会』、『民主主義と教育』、
『経験と教育』などがある。

デューイ

　デューイの哲学上の立場に簡単に触れておこ
う。ここまで取り上げてきた古代ギリシアのプラトン
から近代の哲学まで一貫して共通した哲学的問
題が存在した。それは知識の確実性の基盤を明らかにすることによって、永遠
で確実な知識を得ることである。デューイはこれを「傍観者の知識観」と批判し、

科学の探究と同じように、知識を探求する者が世界と関わることで知識を生み
出していくことを主張した。この哲学的洞察が、デューイの教育・保育思想にも
受け継がれていく。

4月8日		イースター（イースターとこれから咲く花についての話し合い/鳥小屋作製→自由遊戯）
	（構成作業）	木材で鳥小屋の製作（→家に持ち帰る）
	構成作業	庭の道具（熊手、鋤、洋鋤、手押し車）の製作
	物語	「1人の男と百匹の羊」「靴屋と小人たち」
	料理	トウモロコシ料理
4月14日	ゲーム	アウトドアゲーム（ビー玉、縄遊び）
	構成作業	手綱、上着の作製
	物語	「1人の男と百匹の羊」
	料理	小麦料理（→トウモロコシと比較）

図1　幼児教育部門の活動内容の一例（森　2004）

　デューイが教育や保育の実践において重視したのは、知識を受動的に受容
していくことではなく、社会の生活のなかで行われていることを子どもが世界に関
わりながら学んでいくことである。それは例えば織物であったり、調理であったり、
大工であったりと子どもの身の回りに日常的に存在するものである。こうした活動
をデューイは**オキュペイション**（occupation　仕事/専心活動）と呼ぶ。その
観点からは、ある一定量の知識や技能を学校生活のカリキュラムに配分し、
子どもたちに与えていくという旧教育は批判の対象となる（デューイ　1998:94-
95）。デューイはこうした教育思想にもとづき、自身が務めるシカゴ大学に附属
小学校を創設し、「**実験学校**(Laboratory School)」として教育実践を試みた。
そこでは「子どもが中心となり、その周りに教育についての装置が組織される」
（デューイ　1998:96）とあるように、子どもがその教育・保育の中心を占める。
　実験学校には4～6歳の子どもからなる幼児教育部門（sub-primary
department）が設置され、幼児教育が行われた。この段階においては、家
庭の生活との連続性が重視され、家庭でなされる仕事の中で子どもに示唆を

与える素材や、家庭の周りで見つけられるような素材が使用された。

　ただし、デューイはホールのように、子どもの関心に従って教育・保育を構築するという意味での子ども中心主義者ではなかった。むしろ、一定の知識を効率的に教えていくという教師中心の旧教育と、子どもの興味や関心のみに従って教育・保育を行っていくという子ども中心主義をともに退け、子どもが世界と関わることで成長する場、つまり子どもとカリキュラムや教師を含む大人との相互性を重視したのである。

　また、ある子どもの学びは、他の子どもとの協同的な学びでもあり、そのなかで相互に助け合うことや、他者の心情に気を配ることも同時に学ぶ。デューイはこの点に着目し、学校を小さな協同体として、そこでの活動にデモクラシー社会の萌芽を見る。したがって、デューイにとって、教育・保育、またその実践が行われる学校は、社会を改革し創造する場でもあった。とりわけ資本主義経済が発達し、自己利益を追求することが目的化していた当時のアメリカ社会において、こうした他者への配慮を学びつつ協同的に知識を探求することは、労働関係における労働者の不当な搾取や、過度な利己心を矯正する手段ともなり得ると考え、進歩主義教育の目的をここに設定したのである（デューイ 1975：193）。

（8）マリア・モンテッソーリ

　マリア・モンテッソーリ(Montessori, Maria：1870-1952)はイタリアで初となる女性医学博士であった。ローマ大学医学部附属精神病院において精神薄弱児治療の研究を続けるなかで、いわゆる「アヴェロンの野生児」の実践的研究にあたったフランスの医師イタール(Itard, L. M. G. :1774-1838)と、知的障害児教育の祖であるセガン (Seguin, Edouard：1812-1880)の影響を受け、知的障害児に対する教育的治療を試みるようになった。モンテッソーリは1889年に設立されたローマ国立特殊児童

モンテッソーリ

学校において指導の責任を負い、知的障害児の教育・研究を行った。そこでの教育の成果がのちの彼女の保育思想・実践を形成し、新たな実践をもたら

す。

　その実践の場となったのが、「**子どもの
家**(Casa dei Bambini)」と呼ばれる施設
である。19世紀後半に工業化や都市化を
遂げたローマでは、資本主義が発展する
一方で貧困化・スラム化する地域が増え、
貧困や犯罪などさまざまな社会問題を抱
えていた。このなかで、労働する保護者の
児童を預かる施設として設立されたのが

モンテッソーリ教具

「子どもの家」であり、モンテッソーリはここに実践研究の場を求めた。ここでの成
果が「**モンテッソーリ・メソッド**」、「**モンテッソーリ教具**」と呼ばれる教
育・保育思想や実践である。以下、彼女の思想と実践の特徴を三点指摘し
ておこう。

　第一に、モンテッソーリが、生物学上の用語である「**敏感期**(sensitive
period)」に着目したことである。彼女は子どもの感覚器官・運動器官の完成
への途上において、敏感期に強い感受性とエネルギーが示されることに気づ
き、それを教育・保育に利用しようとした(相良 1993)。敏感期にある子どもは、
あらゆる感覚器官・運動器官の機能を試してみたいという欲求に駆られる。そ
れが子どもの周囲への感受性を高めることとなり、機会を見つけると、子どもは
それに積極的に関わるようになり、様々な器官の完成へと至るのである。

　第二に、独自の教具である「モンテッソーリ教具」を開発したことである。モン
テッソーリは知的障害児の教育・研究を開始するにあたって、ローマ大学でル
ソーやペスタロッチ等についての講義を受講し、近代教育思想の理論を受容
した。「子どもの家」での実践でも、その影響から、子どもの自己活動を重視し、
教師による強制や強い働きかけは否定される。モンテッソーリはむしろ子どもを
取り巻く環境や教具に関心を寄せ、知的障害児教育のためにセガンが開発し
た教具を修正した。モンテッソーリ教具は、色彩、素材、形状がそれぞれ異なる、
さまざまな幾何学的な形をした教材であり、子どもの感覚訓練を目的としたもの
である。これらは「モンテッソーリ・メソッド」として、教具の使い方が厳格に体系
化・マニュアル化され、普及することになった。

　第三に、モンテッソーリにおいても教育・保育は社会の改善・進歩に資する

という思想があったことである。このことは、モンテッソーリが「子どもの家」におい
て、貧困・スラム地域の子どもたちを対象に教育・保育を行ったこととも関係す
る。彼女は犯罪人類学の専門家として知られるロンブローゾ（Lombroso,
Cesare：1836-1909）に学び、「正常なる子ども」と同時に「規範」から逸脱し
た子どもを理解する必要性を説いた（ルーメル　1976）。つまり、恵まれない環
境に生まれ落ちた子どもたちに早期の教育・保育を施すことで、逸脱行動や
反社会的行動を予防しようとしたのである。敏感期に子どものエネルギーが集
中し、子どもの中に深い変化が生じることをモンテッソーリが「正常化」と呼んだ
こともそれと無縁ではない（相良　1993）。そして、「正常」な人間であるなら、社
会は「完全」なものになるとモンテッソーリは信じていたのである（ルーメル　199
3）。

（宮地和樹）

5　保育思想史をなぜ学ぶか

　本章では、古代から20世紀に至るまでの保育思想史の流れを概観してきた。
新しい保育の思想や実践を示した著作は、後の時代の思想家や実践家たち
によって繰り返し読み直されながら、それぞれの時代において、あるべき子ども像
とそれを支える理想的な保育実践を生み出してきた。

　これらを踏まえて、最後に、保育者と呼ばれる専門職を志す私たちにとって、
保育思想史とはどのような意味を持つのか、改めて考えてみたい。

　保育思想史を学ぶことは、その時代のなかの保育実践と、それを背後で支
えている思想をつかむことにある。例えば、私たちは、「子どもたちは主人公であ
る」、「子どもを中心に考える保育は大切である」、「子どもの健康や安全を守ら
なければならない」などの考えを持っているだろう。このような考えは、いまや「当
たり前」となった大切な原則といえる。その点を鑑みれば、現代の私たちが捉え
る保育は、新教育の地平の上に立脚したものだということがわかるだろう（今井
1998）。

　一方で、現在のわれわれがよって立つ新教育の地平をこえて、現代に必要
な新たな保育のあり方を見出していくきっかけを探ることもまた、保育思想史を学
ぶ意義なのである。これまでみてきたように、各時代、各場所で保育を創りだし

てきた人びとはみな、ルソーやフレーベル、モンテッソーリなど本章でも取り上げた古典と呼ばれる著作を読み解きながら、先人たちの知恵に学ぼうとした。その時代その場所で新たに求められるだろう別の保育のあり方を模索する、という取り組みは、よりよい保育を目指す限りにおいて、私たちも同じように求められる。ここに保育の思想史を学ぶ意義を見出すことができる。つまり、保育思想の古典を読むことで、次のような三つの事柄が可能になり、その結果として、自分の保育に対する認識を深めることができるようになる。

①自分の保育理念を深める
②自分自身の保育思想や理念を相対化し距離をとってみる
③他者の保育理念を理解するための素材になる

保育思想を学ぶということは、保育を、そして保育する自分のあり方を、今までとは違った仕方で、より深く考えていくための一種の技法なのである。

もし、ある保育者が、新しい保育の実践をしたと感じたとしても、実際は相変わらず過去のまま同じ地平に立っているにすぎないのかもしれない。保育思想に触れることで、自分が何をし、それがどのような意味を持つのかを考え直すきっかけが与えられるのである。

さらに、新しい保育の考え方や実践に到達できたと思えたとしても、その瞬間がどのような意味をもっているのか、誰かに容易に語りうるとは限らない。いわく言いがたい自分の保育に対する感動や戸惑いを、誰かに伝えるとき、保育思想の言葉に託して、自分の考えを伝えようとすることができる。

逆に、誰かの保育についての考え方を理解しようとするときに、保育思想の言葉をよりどころにしながら、理解を深めることもできる。保育思想が紡ぎだしてきた言葉は、保育者が、保育の新しい瞬間を、大切な誰かと伝えあうためのよりどころとしても活用することができるはずなのである。

（田口賢太郎）

参考文献
阿部真美子ほか　1988　『アメリカの幼稚園運動』明治図書。

青柳宏幸　2012　「マルクス主義からマルクスへ：いわゆる「全面的発達」の批判的検討」『近代教育フォーラム』21号。

アリエス　1980　『〈子供〉の誕生：アンシャン・レジーム期の子供と家族生活』杉山光信／杉山恵美子訳、みすず書房。

アリストテレス　1961　『政治学』山本光雄訳、岩波文庫。

朝日由紀子　1995　「子どもの発見：G.スタンレー・ホールの「児童研究」をめぐって」『アメリカ研究』29号。

アウグスティヌス　1981　『アウグスティヌス教師論』石井次郎／三上茂訳、明治図書。

クーランジュ　1956　『古代都市』田辺貞之助訳、白水社。

ドゥモース　1990　『親子関係の進化』宮澤康人ほか訳、海鳴社。

デューイ　1975　『民主主義と教育（上）』松野安男訳、岩波書店。

デューイ　1998　『学校と社会：子どもとカリキュラム』市村尚久訳、講談社学術文庫。

フロイト　1996　『自我論集』中山元訳、ちくま学芸文庫。

フロイト　1997　『エロス論集』中山元訳、ちくま学芸文庫。

フレーベル　1972　『幼児教育論』岩崎次男訳、明治図書。

長谷川貴彦　2012　『産業革命』山川出版社。

今井康雄　1998　「新教育の地平」『ヴァルター・ベンヤミンの教育思想：メディアのなかの教育』世織書房。

いぬい・たかし　1981　『伝えあい保育の構造：未来の主権者を育てる保育』いかだ社。

ケイ　1979　『児童の世紀』小野寺信／小野寺百合子訳、冨山房。

小玉重夫　2003　『シティズンシップの教育思想』白澤社。

クレーマー　1981　『マリア・モンテッソーリ：子どもへの愛と生涯』平井久監訳、新曜社。

ロック　2011　『子どもの教育』北本正章訳、原書房。

ルーメル　1976　「モンテッソーリ著、『教育学的人類学』における「規範」概念の歴史的背景」『モンテッソーリ教育』第9号。

ルーメル　1993　「モンテッソーリの生涯と業績」ルーメル編『モンテッソーリ教育の道』学苑社。

松岡信義　1982　「アメリカの児童研究運動（Child Study Movement）：その思想と性格」『教育学研究』49巻4号。

松塚俊三　2001　『歴史のなかの教師：近代イギリスの国家と民衆文化』山川出版社。

モンテッソーリ　1974　『モンテッソーリ・メソッド』阿部真美子／白川蓉子訳、明治図
　　書。

森久佳　2004　「デューイ・スクール（Dewey School）における幼児教育のカリキュラム
　　の特色とその位置づけに関する一考察」『教育学論集』30号。

ナーディネリ　1998　『子どもたちと産業革命』森本真美訳、平凡社。

ペスタロッチ　1993　『隠者の夕暮・シュタンツだより』長田新訳、岩波書店。

プラトン　1979　『国家（上・下）』藤沢令夫訳、岩波書店。

プルタルコス　1996　『プルタルコス英雄伝（上・中・下）』村川堅太郎編、筑摩書房。

ルソー　1962-1964　『エミール（上・中・下）』今野一雄訳、岩波書店。

佐伯胖　2014　「もう一つの保育思想：「社会主義」保育の流れ」『幼児教育へのいざ
　　ない：円熟した保育者になるために（増補改訂版）』東京大学出版会。

ショーター　1987　『近代家族の形成』田中俊宏ほか訳、昭和堂。

庄司雅子　1985　『幼児教育学』柳原書店。

スポック　1966　『スポック博士の育児書』暮らしの手帖翻訳グループ訳、暮しの手帖
　　社。

田口賢太郎／吉田直哉　2014　「保育原理における思想家へのアプローチ：歴史認
　　識の類型化の試みと授業実践への提案」『香川短期大学紀要』42号。

恒吉僚子ほか　1997　『育児の国際比較：子どもと社会と親たち』日本放送出版協
　　会。

矢川徳光　1963　『ソビエト教育学入門』新栄堂。

第5章
保育所保育指針における
保育の基本概念

　現在の保育所保育は、「保育所保育指針」というガイドラインに沿って展開することが求められている。本章では、保育所保育指針に示された保育についての基本的な考え方、特に、「養護と教育が一体化した保育」、「環境を通した保育」、「発達過程に即した保育」、「保育所における保護者支援」、「保育士の職業倫理と専門性の深まり」、という5つの重要な概念について、学んでゆく。

Keywords
保育の基本的原理、養護と教育の一体的展開、環境を通した保育、
保護者に対する子育て支援、子どもの最善の利益、発達過程、
ケア、カウンセリング・マインド、保育者の資質向上、安全管理、
全国保育士会倫理綱領

1　保育の基本原理と養護と教育の一体性

　本章では、「保育所保育指針」における保育の基本理念・概念を学んでいくが、そこには、底流する二つの大きな考え方がある。児童心理学者の山下俊郎が唱えた、保育の基本的原理がそれである。山下の言う保育の基本的原理とは、「**文化適応の原理**」と「**間接性の原理**」の二つである（山下　1963）。本章は、この二大原理を学ぶことから始めたい。
　「**文化適応の原理**」とは、子どもを、生まれた社会がもっている文化の中に育つ中で、その文化に溶け込んでいく存在であるとしたうえで、子どもが文化に

102

適応していく過程を、子どもの発達的特性に沿うやり方で援助することが保育の営みであるとする原理である。

「**間接性の原理**」とは、保育者が望ましいと考える活動へ向けて、子どもの興味をかき立てるような雰囲気を作り、誘導していくことが保育の営みだとする原理である。保育者は子どもの近くにいて、間接的に、子どもの活動、心、生活が、望ましいある一定の方向へと変化していくように、周囲の環境を整備していく役割を負うのである。

この二つの基本原理は、半世紀以上前に示されたものだが、現在の保育所保育の基本を示す**保育所保育指針**においても、この考え方は脈々と受け継がれているのである。

保育所保育指針(以下、「保育指針」と表記する)とは、「児童福祉施設最低基準」第35条の規定に則って、「保育所における保育の内容に関する事項及びこれに関連する運営に関する事項を定めるもの」である。いわば、保育指針は、保育所保育の実際について示されたガイドラインであると言える。1965(昭和40)年に初の指針が示されて以来、1989(平成元)年、2008(平成20)年と改定されてきた。現行の保育指針は、2017(平成29)年告示のものである。2008年から保育指針は、官報における厚生労働大臣の告示とされている。法的な拘束力は持たないものの、保育所運営上の規範としての拘束力が強まったと考えられている。2017年には、小学校学習指導要領の改訂に合わせ、幼稚園教育要領、幼保連携型認定こども園教育・保育要領、保育所保育指針の3法令が一斉に改訂(定)された。

改定保育指針では、「幼児教育を行う施設」として保育所を位置づけ、保育指針と、幼稚園教育要領、幼保連携型認定こども園教育・保育要領との整合性が取られるようになった。同時に、小学校への就学、義務教育での学びを見すえて、学童期以降求められる資質・能力の基礎が培われるよう配慮することが求められるようになった。つまり、乳幼児期における学び・生活体験を、幼・保・こども園の施設の別を問わず、等しく保障しようという乳幼児期における統一性(ヨコの統一性)と、乳幼児期から義務教育、さらにそれに続く青年・成人期の学びを見すえて、「生涯にわたる生きる力」の基礎を培おうとする能力・資質の一貫性(タテの一貫性)の二つを担保しようというのが、今次の改定の眼目である。

乳幼児期において育むことが目指される資質・能力に関しては、第1章総則の4「幼児教育を行う施設として共有すべき事項」の中で、3つの**「育みたい資質・能力」**と、その具体的な現れをイメージするため、10項目の**「幼児期の終わりまでに育ってほしい姿」**が示されている。

　「育みたい資質・能力」として、「知識及び技能の基礎」、「思考力、判断力、表現力等の基礎」、「学びに向かう力、人間性等」が掲げられている。

　小学校への就学時において期待される子どもの様子、「幼児期の終わりまでに育ってほしい姿」の10項目は、次の通りである。

①健康な心と体
②自立心
③協同性
④道徳性・規範意識の芽生え
⑤社会生活との関わり
⑥思考力の芽生え
⑦自然との関わり・生命尊重
⑧数量や図形、標識や文字などへの関心・感覚
⑨言葉による伝え合い
⑩豊かな感性と表現

　注意するべきことは、10項目のうち、③協同性、④道徳性・規範意識の芽生え、⑤社会生活との関わり、⑨言葉による伝え合いという4項目は、子どもが、他の子どもや保育者など、周囲の他者と主体的にコミュニケーションをとろうとする意欲的な姿・態度が重視されているということである。

　保育指針は、全5章から構成されている。各章のタイトルは、次のとおりである。

第1章　総則
第2章　保育の内容
第3章　健康及び安全
第4章　子育て支援

第5章　職員の資質向上

　第1章の総則において、保育所は、次のように定義されている。「保育所は、児童福祉法第39条の規定に基づき、保育を必要とする子どもの保育を行い、その健全な心身の発達を図ることを目的とする児童福祉施設であり、入所する子どもの最善の利益を考慮し、その福祉を積極的に増進することに最もふさわしい生活の場でなければならない。」

　ここでは、上の引用文に登場する三つの言葉、「保育を必要とする(ということ)」、「子どもの最善の利益」、「生活の場」について、説明しよう。

　子どもが「**保育を必要とする**」状態とは、家庭において、保護者の労働、傷病等、様々な理由によって、子どもが、心身にわたる十分なケアを受けられないという事態を指す。

　「**子どもの最善の利益**」とは、1989年に国連が採択した「子どもの権利条約」第3章1項に登場する概念である。原語である best interest of children を意訳すれば、「子どもにとって、一番ためになること」ということになろう。子どもにとって「ためになる」ということは、親のニーズ、要求と完全に一致するとは限らない。同時に、子どもが現在、もっとも強く望んでいることが、「子どもの最善の利益」である保証もない。「子どもの最善の利益」は、親のニーズを、子どもの視点から検討しなおすことを求める概念である。同時に、現在の子どもの要求を、子どもの成長後、すなわちその子どもの未来の視点から、現在を検討しなおすことを求める概念でもある。保育所保育は、必ずしも言語化されない子どものニーズを受容し、そのニーズが実現されることが、子どもの未来にとっていかなる意味を持つのかを、つねに考慮しながら展開されなければならないのである。

　保育所が「**生活の場**」でなければならない、ということは、保育所は、子どもが生活するもう一つの場である家庭との連続性を顧慮しながら、家庭における生活とは異質な、保育所独自の生活のスタイルを子どもに提供するということである。

　子どもの生活は、家庭での生活と、保育所での生活との往還を反復するという性格を持っている。家庭と保育所とのギャップを、どう捉えていくべきだろうか。

　保育とは、家庭生活の延長という側面と、家庭とは異なる空間で、家庭で

は出来ない体験をする場という側面を持っている。さらに、保育所での生活の中でも、いくつかの質的な変化を子どもたちは経験する。無藤隆が指摘するように、幼稚園や保育所には、小学校とは異なって「休み時間」というものは存在しない（無藤 2009：3）。つまり、登園（登所）した瞬間から、降園（降所）する瞬間までの時間が、格別の区切りによって区別されず、連続したものとして、子どもに経験されるということである。

とはいえ、園での生活が、全くリズムや変化を持たない一面的なものとしてあるかというと、そうではない。無藤は、保育の場が、時間によって、いくつかの異なった生活を持つ相に分かれていることを指摘している。意識的・活動的・教育的な「午前の保育」と、無意識的・休息的・養護的な「午後の保育」との違いがあるというのである。

子どもたちは、このように、家庭と保育所を、毎日往還し、園生活の中では、午前の保育と午後の保育を繰り返し経験することになる。この繰り返し、反復性は、子どもにとって、安心感を与える習慣となると同時に、新たな関心や行動を触発するような刺激が失われていくきっかけともなる、両義的なものである。

子どもの生活とは、食事、休息、清潔などの養護的な営みをベースに持ちながらも、いくつかの異なる性質を持った生活時間を含み、子どもはその落差に順応し、適応しながら生きられるものである。すでに述べたように、保育における生活といっても、それは一様のなものではない。例えば、前述の無藤は、保育の場における「生活」もまた、二つの相に分かれていることを指摘している（無藤 2009：150）。一つは、「生活習慣」というような、衣食住、家庭と連続するような生活であり、もう一つは、遊びと一体化するような生活である。前者を「衣食住としての生活」、後者を「遊びとしての生活」と呼ぶことができる。生きていくことそのもの、生存することそのもの、という、いわば「生命の保持」に当たる前者のような生活もあれば、そのような生活の上に成り立つ、より生き生きとした、子どもの生命力（アニマシオン）が現れる時間としての生活もありうる。無藤の言う、「衣食住としての生活」に、より強くかかわるのが「養護」であり、「遊びとしての生活」により強くかかわっていくのが「教育」と言えるだろう。

保育所保育では、この養護と教育が一体化した営みであることが目指されている。**養護**的側面と、**教育**的側面は不可分のものであり、養護を基礎として教育が展開される。保育所は、産休明け以降の乳児を保育する施設でもあり、

今回の保育指針では、特に乳児保育についての規定が厚くされている。乳児期の保育においては、特に養護と教育の一体性が重視されなければならない。保育を形作る、「養護」と「教育」とは、それぞれどのような営みなのか、以下で見てゆくことにしよう。

　まず、「**養護**」とは、「子どもの生命の保持及び情緒の安定を図るために保育士等が行う援助や関わり」である。養護の営みは、身体的なケアを行う「**生命の保持**」と、心理的なケアを行う「**情緒の安定**」を目的として展開される。「生命の保持」のねらいとして、以下の3点が掲げられている。

　第一に、「一人一人の子どもが、快適に生活できるようにする」という「快適さ」、第二に、「一人一人の子どもが、健康で安全に過ごせるようにする」という「安全性」、第三に、「一人一人の子どもの生理的欲求が、十分に満たされるようにする」という、「欲求の充足」である。

　つづいて、心理的な安定を目指す営みである「情緒の安定」のねらいとしては、以下の4点が掲げられている。第一に、「一人一人の子どもが、安定感を持って過ごせるようにする」という「安定」、第二に、「一人一人の子どもが、自分の気持ちを安心して表わすことができるようにする」という「自己表現への安心感」、第三に、「一人一人の子どもが、周囲から主体として受け止められ、主体として育ち、自分を肯定する気持ちが育まれていくようにする」という「主体としての自己肯定感」、第四に、「一人一人の子どもの心身の疲れが癒されるようにする」という、「心身の疲労のケア」である。養育者、養護者としての保育者は、子どもの現在の安定性に対する配慮を行うことを職務としていると言えるのである。

　心理学者のマズローは、人間の欲求には、階層があると述べている（鈴木編　1999:96-97）。生命の保持に関わる「生存・生理的欲求」、生活の安定を求める「安定の欲求」が満たされて初めて、他者への関わりへの欲求（社会的欲求）、外界への探求が始まる。言うまでもなく、ここでいう生理的欲求、安全への欲求を満たすことを目指すのが「養護」の目的である。それを充たして初めて、「社会的欲求」が生じ、他者からの承認や、自己実現を図る行動が生じてくるのである。そして、次に紹介する「教育」の目標は、この「社会的欲求」の適切な満たし方に関わりを持っているということができる。

　「養護」と並ぶ、保育のもう一つの要素は、「**教育**」である。「教育」とは、「子

どもが健やかに成長し、その活動がより豊かに展開されるための発達の援助」であるとされている。保育における教育の営みとは、子どもの発達に対する保育者の援助的な働きかけのことである。その働きかけは、子どもの活動をより豊かなものにすることを促すようなものであることが求められているのである。保育者は、養育者であると同時に、教育者でもある。教育者には、子どもの発達の次なるステージ、子どもの未来を見通す視点をもつということが求められる。

　教育は、「**健康**」、「**人間関係**」、「**環境**」、「**言葉**」、「**表現**」の5つの領域からなっている。心身の健康に関する領域が「**健康**」、人とのかかわりに関する領域が「**人間関係**」、身近な環境とのかかわりに関する領域が「**環境**」、言葉の獲得に関する領域が「**言葉**」、感性と表現に関する領域が「**表現**」とされている。これが、いわゆる「**保育内容の5領域**」である。保育指針第2章・保育の内容においては、乳児、1歳以上3歳未満児、3歳以上児の三段階に分かれて保育のねらいと内容が設定されているが、1歳以上児においては、5つの領域ごとにねらいと内容が記述されている。

　教育の領域の名称に、「保育内容」という呼称がつけられていることは紛らわしい。まず、養護と教育を総合化した保育という営みがあり、その営みのうち、保育者が子どもに寄せる教育的意図に接しながら、子どもたちが体験する活動の内容を、保育内容と呼ぶと理解してもらいたい。

　「保育内容の5領域」については、幼稚園教育のガイドラインである「幼稚園教育要領」（文部科学省）と、整合性がとられている。1963（昭和38）年の文部省初等中等教育局長、厚生省児童家庭局長の共同通知「幼稚園と保育所の関係について」において、「保育所のもつ機能のうち、教育に関するものは、幼稚園教育要領に準ずることが望ましいこと。このことは、保育所に収容する幼児のうち幼稚園該当年令の幼児のみを対象とすること」とされ、これ以降、三歳以上の保育園児に関する活動に関しては、幼稚園児の活動内容との整合性をもたせることが求められてきた。保育所における遊びを通じた学びという考え方は、幼児期における学び全体に当てはまるものであり、子どもが通園しているのが幼稚園か保育所かによって区別されるべきではないと考えられてきたのである。なお、2017年の幼保連携型認定こども園教育保育要領においても、保育内容の5領域に関する記載は、教育要領、保育指針と整合するよう配慮されている。

　子どものある一つの活動は、これらの領域のうちのどれかに収まりきるということとはない。一つの活動であっても、それは、さまざまな側面を持ち、その側面は、5領域のそれぞれの視点から、その意義を捉えることができる。「**領域**」とは、子どもの生活や遊びの特徴を捉え、その特徴的な側面に働きかけ、その成長、育ちを促していくための視点、着眼点、切り口である。

　「領域」は、小学校以降の学校の「教科」のように、時間的、内容的に個々独立した複数の活動を表わしているのではないことに注意する必要がある。「教科」においては、内容のすべてが縦割り、それぞれの時間配分が決められているが、「領域」においては、それぞれの領域の内容、範囲、時間配分は区別することはできない。すべての領域は、複合的に組み合わさっており、それぞれを独立したものとして区別することはできないのである。ある活動の中に、複数の領域の要素が含まれているということは、当然ありうるのである。5つの視点を組み合わせて、総合的に子どもの発達を捉えることをが求めるのが、領域という考え方なのである。

　例えば、「鬼ごっこ」というのは、領域的にはどのように捉えられるだろうか。園庭で、元気よく走るという身体運動の側面は、領域「健康」に属している。広い園庭を、子どもたちが思い切り走り回れるスペースとして維持するのは、領域「環境」の観点からなされる。一方で、鬼ごっこは一人ではできないから、必ず、周囲の子どもとのコミュニケーションが伴う。その側面は、領域「人間関係」において捉えられる。大きな声で、リズミカルに「鬼さん、こちらー！」と叫ぶ。これは、領域「言葉」によって捉えられるだろう。あるいは、身振りを交えた呼びかけの仕草が見られるなら、領域「表現」として捉えられる。このように、何かの遊びや保育活動と、領域が一対一対応するのではなく、子どもの体験を、各領域から捉えなおすことで、子どもの体験の多面性に配慮することが、「領域」という視点を持つことの意義なのである。

　保育指針においても強調されているように、保育内容の5領域、および養護に関わる「生命の保持」、「情緒の安定」の保育内容は、子どもの「生活」と「遊び」を媒介として、相互に関係しあい、作用しあうものである。それらは、切りはなされるべきものではないし、実際に、切りはなすこともできない。子どもの「生活」や「遊び」の総合性が、保育内容の連続性を生み出していると言えるのである。

2 保育所における保育者の子どもへの関わり

　保育における子どもに対する働きかけは、多様な性質をもつ働きかけを含んでいる。ひとつは、保育者(大人)が、子どもに対して、ある期待やねらいを持ち、それを実現しようとして行う、意図的、計画的な働きかけである。それに対して、保育者(大人)が、意識的にそのようにしようとは思ってはいないが、習慣化されたり、注意が散漫になったりしてあらわれる無意図の働きかけや、「ふと」出てしまうような即応的、即興的な働きかけがある。

　後者の無意図的、非計画的な保育には、今までは十分な注意が払われてこなかった。これらは、「顔を見せる保育」に対する「背中を見せる保育」ということができるだろう。このような、大人(伝達者)の側が、教育しようという意識を持たない教育作用を、「感化」や「薫陶」として表現することもある。「感化」とは、教える側は、「教えよう」という意図はないが、教えられる側には、教える側への「憧れ」を持っており、意図的に教えられる側のような存在になりたいと思うこと(同一化)によって、起こる。「薫陶」とは、教える側も、教えられる側も、共に相手を変化しよう、させよう、と意識はしていない関係性である。それでもなお、同じ時間と空間を共に共有することで、あたかも、香水の香りが移っていき、同じ香りを漂わせるようになるかのように、同じような行動、思考のパターンを共有していくことをいう。

　保育者の振る舞いを、子どもはつねに観察し、それを模倣しようとする。この模倣を、子どもは意識的に行っている場合も、そうでない場合もある。また、子どもは、自分のあり方や、行動の仕方が、正しいのかどうかがはっきりと分からない時、どのように振る舞うべきかを確かめるため、保育者の行動や言動を観察し、その様子に従って行為するのである(このことを「社会的参照」という)。このような保育者の役割を、「**モデルとしての保育者**」と言うことができるだろう。

　子どもと保育者との関係性は、愛着関係という、安定した心の絆を基礎にしながら、発達過程を経ていくことによって、徐々に変化してゆく。例えば、今井和子と神長美津子は、保育者と子どもとの関係性の変化を、「抱っこ型」の関係性から、「おんぶ型」の関係性への発達・変化として捉えている(今井／神長

2003)。この二つの関係性のタイプは、常に双方が維持されていくもので、成長に従って「抱っこ型」が失われてしまうということではない。ただ、関係性のもっとも初期のタイプは抱っこ型であると今井らは述べている。

「抱っこ型」の関係性とは、保育者と子どもが抱き合い、目と目を合わせる（見つめ合う）ことで感情を交流させるような、対面的な関係性である。それに対して、「おんぶ型」の関係性とは、保育者と子どもが、同じものを見つめ（**共同注意**）、共感するような、自己、他者、対象の三項関係に基づく関係性である。この三項関係が、「指さし行動」の基盤となり、子どもの外界への働きかけのきっかけとなる。

「指さし」は、大人と子どもとの間に、「共同注意」が成り立っていることを示す。共同注意をしている大人が、子どもにとって、愛着を持てる相手であれば、その保育者が持っている「目標」を、子どもは推測しようとし、今度は、自分が保育者と同じ「目標」を持って、保育者が行おうとしていることを、子どもも行おうとするようになるだろう。子どもは、信頼する相手の行為の「目標」がわかれば、その「目標」を共有することによって、「共同作業」ができるようになるのである。子どもと保育者の間に**愛着関係（アタッチメント）**が形成されていれば、保育者が行おうとしていることが、子どもにとって「よくわからない」ものであっても、子どもはそれを「したい」というように誘惑される。子どもは、信頼のおける保育者の興味・関心を内面化し、外界へと注意を向け、働きかけを行っていくきっかけとするのである。

このように、保育者の働きかけは、子どもと対面して、安心感を与える愛着の基盤となる役割と、子どもの外界への興味、活動への意欲を高めるモデルとしての役割を両方含んでいると言えるのである。

3　遊びと保育の総合性

既に述べた教育の5領域の考え方にも表れているように、保育という営みには、子どもの成長、発達に関わる様々な側面が、融合し、一体化して含まれている。そのさまざまな経験、発達の意味の多様性を、端的に表しているのが、「**遊び**」である。幼児期における遊びは、「学び」と区別することができない。子どもの活動において、遊びと学びは連続性を持った営みなのである。

保育の営みの総合性は、保育が遊びという総合的な営みであることから生じてくるのである。近代保育思想のなかでは、遊びの多面性、総合性が、早くから注目されてきた。フレーベル（第4章参照）は、遊びの中に、歌唱、計算、言語、身体運動などの基本的な人間の行為の要素がすべて含まれていることを、早くも指摘している。文化の基本的な要素は、すべてその萌芽を「遊び」の中に持っていると、フレーベルは考えていたのである。

　かつては、遊びの起源について、子どもが持て余す過剰なエネルギーの消費から生じると考える「余剰エネルギー」説、成長してから必要となる様々な技能を、遊びを通して学ぶと考える「生活準備説」などが唱えられていた。だが、現在は、子どもは、子どもだから遊ぶ、遊びは何かの表れではなく、遊びそのものであって、遊び以外の目的は持たないという考えが一般的になってきた（丸山ほか　2003）。ホイジンガが述べるように、遊びは、「自由」なものであり、何かのためにするというような目的を持たず、遊びそれ自体が目的であるような活動なのである（ホイジンガ　1973）。

　保育が目指す「遊びとしての学び」または「学びとしての遊び」とは、子どもにとっての「自由」な雰囲気の中で、「何かのために」、「何かを身につけるために」行われるものではない、「遊ぶために遊ぶ」としか言いようがない、遊びそれ自体を目的としたものなのである。ただ、その「自由」とは、ホイジンガも言うように、「奔放」「放任」ということではなく、明確な「ルール」に基づいたものである。「ルール」とは、保育者と子ども、子どもと子どもが、お互いの意思を貫き通そうとすることで生じる衝突や摩擦を避けるようにして、徐々に作り上げられていくものである。子どもの自由な遊びの唯一の制限とは、「他者の存在」、「他者との関わり合い」にほかならない。

　保育指針においては、「子どもは、遊びを通して、仲間との関係を育み、その中で個の成長も促される」（第2章1(2)）とされ、遊びは、保育者や、周囲の子どもとの人間関係の中で営まれるものであるとされている。この、遊びにおける人間関係の変化に着目したのが、パーテンである。パーテンは、子どもの遊びを、遊びの中の人間関係に着眼して、①何もしていない行動、②一人遊び、③傍観的行動、④平行的遊び、⑤連合遊び、⑥協同的遊び、の6つの形態に分類している（丸山ほか　2003:14-15）。

　これらの遊び形態の現れ方は、年齢によって変化していくとパーテンは考えた。

2〜3歳児では、一人遊びや平行遊びが多くみられ、年齢が高まるにつれて、連合遊びや、協同的遊びが多くみられるようになっていく。自分一人で、遊びに集中し、他者への関心を示さない「一人遊び」、他の子どもと場は共有するけれども、目的やルール、イメージを共有しているとは言えない「平行遊び」、共通の目標に向かっているかに見える「連合遊び」、ルール、目的を共有し、役割分担をもって展開される「協同的遊び」、の順に、遊びの形態が変化していくとパーテンは考えた。いわば、子どもの遊びは、自己中心的な遊びから、他者との関わりによってルールを決め、目的を共有して進められる協同的遊びへと、子どもは年齢を重ねるにしたがって、遊びの持つ社会性を発達させていくとされている。ピアジェが、子どもの認知能力の発達について考えたのと同様に、パーテンは、遊びの発達の過程を、自己中心性から抜け出していく過程として描き出したといえる。

このように、年齢によって多様な現れ方をする子どもの遊びの質（quality）は、子どもが安心して遊びこめること、遊びの内容を自分で選択できること、遊びを通じて成長できること、思う存分、飽きるまでその遊びに熱中し、没頭できること、などの条件を満たしているかによって評価できる（汐見ほか　2010：234）。子どもの遊びが、「一人で遊びこむこと」から、「複数の他者と遊びこむこと」へと変化していくとすれば、そこには、どのような違いが生じているのだろうか。

ここでは、無藤隆が示している、学びの三つのモード論を紹介しよう（無藤　2001）。いうまでもなく、ここでの「学び」とは、「遊び」と区別できない、子どもにとっては一体の営みである。

無藤の言う、第一の「入り込む学び」とは、ある場に入り、一定の時間を過ごし、また繰り返しその場に出かけ、またその場で動きまわって活動し、その場の中の諸々のものについて、いろいろな角度から関わりつつ見ていくような学びである。特徴は、学びの場に、多方向から関わるということと、場の環境のいろいろなものに、子どもが取り囲まれるということである。子どもの周りにあるモノが、子どもにさまざまな関わり方を誘発していくのである。

第二の「眺める学び」とは、「入り込む学び」に見られたような全面的な関わりをやめ、学び場から一歩引いて遠ざかり、いくつかある感覚のうちの一つの感覚に焦点を合わせ、そこだけで対象をとらえようとするような学びである。

第三の「想像力による学び」とは、他者の言葉を介して経験を広げるような学

びである。他者の言葉から、あたかも自分が体験したかのように感じること(追体験)によって、知識を獲得していく。言語を介する学びは、個別具体的な状況で学んだ事柄を、一般的抽象的な意味合いへとつなげていくことを促す。

このように、子どもはまず、一人で、ある対象に向け、感覚を総動員して、熱中・没頭して関わる。その上で、他者との関わりの中で、自分の学び(遊び)を相対化し、多様な視点が存在することに気づく。子どもは、他者の視点や感情を仲立ちとしながら、学び(遊び)がもつ多様な意味、捉え方を獲得していく。

さらに、子どもにとっての他者は、言葉によって、自分が経験できなかった体験や、物語のようなファンタジーの世界を切り開かせ、学び(遊び)の範囲を拡大させていく存在でもある。

以上の3つの学びのモードは、この順に沿って発現していくが、次の段階の学びのモードが表れたからと言って、それ以前のモードが消え去ってしまうというわけではない。前のモードを保ちつつ、次のモードがその上に加えられていくというように、学び(遊び)のモードは積み重なり、重層化していくのである。

4 環境を通して行う保育

現在の保育指針における保育の基本概念は、「環境を通して行う保育」というものである。「環境保育」と略称されることもある。保育指針(第1章総則、1 保育所保育に関する基本原則、(1)保育所の役割、イ)においては、次のように述べられている。

保育所は、(中略)保育に関する専門性を有する職員が、家庭との緊密な連携の下に、子どもの状況や発達を踏まえ、保育所における環境を通して、養護及び教育を一体的に行なうことを特性としている。

ここには、保育とは、「環境を通して」行われるものであることが明記されている。さらに、保育指針(第1章総則、3 保育所保育に関する基本原則、(4)保育の環境)においては、次のようにも述べられている。

保育の環境には、保育士等や子どもなどの人的環境、施設や遊具

等の物的環境、更には自然や社会の事象などがある。保育所は、こうした人、物、場などの環境が相互に関連しあい、子どもの生活が豊かなものとなるよう、次の事項に留意しつつ、計画的に環境を構成し、工夫して保育しなければならない。

　保育指針では、「環境」は、「**人的環境**」、「**物的環境**」、「**自然や社会の事象**」という、3つのカテゴリーに分類されている。「**人的環境**」には、子どもの周囲の他者、保育者、その他の子ども、保護者、地域の住民などが属する。「**物的環境**」には、子どもの周囲にある玩具、教具などや、園庭の遊具、保育室内の装飾、飼育されている動植物などが属する。「**自然や社会の事象**」には、保育所を取り巻く地域の自然環境、政治、経済をはじめとするマクロな社会情勢が含まれるだろう。「環境」とは、このように、室内レベルの小規模なものから、日本社会、グローバル(地球規模)な国際情勢を含む大規模なものまで、入れ子状態に、複合的に保育を取り巻いているものである。

　一般的に、「保育環境」という場合、保育所内におけるミクロな環境を指すことが多い。「環境構成」という場合、もっぱら、保育室内、あるいは園庭内での、物品の整備、玩具の配置などを言う。「環境構成」における留意事項として、保育指針には、子どもが、自分から環境に関わり、主体性を発揮して様々な経験を積めること、安全であること、親しみとくつろぎの場であることの3点が明記されている。

　それでは、保育指針でもたびたび繰り返される、この「環境」とは、そもそもいかなる意味を持つ言葉なのだろうか。「環境」の、辞書での定義は、「周囲の事物。人間や生物を取り巻き、それと相互作用を及ぼしあう外界」である。つまり、広義の「環境」とは、周りにあるものすべて、ということである。

　ただし、保育用語としての「環境」には、もう少し特徴的な意味が込められている。保育環境は、ただの環境ではなく、保育者の意図が込められた、**課題性**・テーマ性を持った人為的、計画的な環境である。そして、保育者にとっての「意図的な環境」に、子どもは主体的にかかわっていくことが期待されている。「環境」とは、このように、子どもの主体性と、保育者の意図をつなぐ、橋渡し(媒介)となるべきものなのである。このような考え方は、保育所保育のみならず、幼稚園教育にも、共有されている考え方である。幼稚園教育要領(第1章、総

則)において、「幼稚園教育は、学校教育法に規定する目的を達成するため、幼児期の特性を踏まえ、環境を通じて行うものであることを基本とする。このため、教師は幼児との信頼関係を十分に築き、幼児が身近な環境に主体的に関わり、環境との関わり方や意味に気付き、これらを取り込もうとして、試行錯誤したり、考えたりするようになる幼児期の教育における見方・考え方を生かし、幼児とともによりよい教育環境を創造するように努めるものとする」とされ、幼稚園教育の目標が、子どもの発達に資する「適当な環境」を提供することにあることが示されている。

　以上から分かるように、保育における環境とは、「保育をとりまく発達環境」と、「保育内容としての環境」とが、混在した概念である。前者の「保育をとりまく発達環境」とは、子どもと、子どもに関わる保育を取り巻く周囲の事物を全て含むものである。保育指針によれば、この意味での「環境」は、先に述べたように、(1)人的環境、(2)物的環境、(3)自然環境、社会的事象の3つからなるとされている。

　後者の「保育内容としての環境」とは、健康、人間関係、環境、言葉、表現という、上に述べた「保育内容の5領域」の一領域である。保育内容としての環境は、子どもの成長を促すような活動を展開するために、環境を作ることを通じて、保育者が子どもたちに働きかけ、子どもがそれに応じるという、相互作用を伴った一連の営みを意味するのである。

　このような、現在の環境による保育の考え方には、教育(保育)における「言語主義」への批判が込められている。言語主義とは、子どもの学びは、言葉によって媒介された知識を獲得することによって、もっとも効率的に進むという考え方である。言葉のみによる知識の獲得よりも、生活中における体験、身体的学びの方が、幼児期の学びにとっては優先順位が高いという考え方がここに表れている。これは、第4章でも登場した、ルソーの「実物による教育」という思想とつながる考え方である。

　保育者は、子どもの生活に即して、周囲のさまざまな事物、他者、事象に対する、子どもの興味・関心を育てることを期待されている。言いかえれば、保育者は、環境の構成者であると同時に、環境の紹介者、媒介者でもある。子どもは、保育者に媒介されながら、それらの環境に触れる。直接的な体験を繰り返し、試行錯誤することで、より正しい知識や感覚を身につける。子どもが、主体

的に、直接的な体験を、環境の中で繰り返すことによって、自己能力感、自己効力感を身に着けていくことが期待されている。その感覚は、無力感とは真逆であり、「僕／私には、何かを変える力がある！」と感じるという有能感である。対象に働きかけ、それを変化させることで、自分なりの「やりがい」を感じるということである。

　保育指針では、大人が知識を詰め込み、教え込むのではなく、子どもが主体的に活動してこそ、知識が身に付くと考えられている。とすれば、子どもが自分から学び、行動したくなるような環境を意図的に作るのが保育士の職務だということができる。

　しかし、「子どもが主体的に活動したくなる環境」とは、あくまで、子どもにとっての環境であり、保育者が、すべて思うがままに設定できるわけではない。子どもが、環境をどのように捉えているか（認識しているか）を常に把握しておく必要がある。子どもにとっての、環境の持つ意味に対して、常に敏感でなければ、そのような環境設定は不可能である。

　より具体的にいえば、「子どもの主体性」と「保育者の意図」は、時として矛盾するということである。すなわち、子どもの主体性を重視しすぎると、保育者の配慮はまったく子どもに伝わらず、放任となってしまう。逆に、保育者の配慮だけを重視すると、子どもはつねに保育者の顔色だけを見て行動することになる。環境による保育とは、保育者主導の設定保育でないことはもちろんだが、決して、子どもの振る舞いを無条件に善いものと見なすような、自由放任主義であるわけでもない。保育者の意図は、環境構成の中に、目に見えない形で、物象化されるのである。坂元彦太郎は、保育における指導計画は、「愛情の設計」であると述べている（永井ほか編　2011：86）。指導計画の具現化した形が「環境」である以上、「環境」もまた、保育者の「愛情の設計」なのである。

　保育者の意図は、保育の計画として文書化・可視化されるが、その意図は、つねに子どもによって裏切られるものであるということを再確認しておかなければならない。保育者の期待や意図は、子どもの反応や、偶然性によって、臨機応変にアレンジできるようにしておかなければならない。つまり、保育の計画は、即応性、即興性をもった形で示されなければならないのだ。言いかえれば、子どもによる期待の「裏切り」が、どのように行われるのか、多面的なイメージ・トレーニングが行われる必要があるということである。適切なイメージ・トレーニングが行

われるためには、自分自身にできることは何かをしっかり把握しておく(無理しない)こと、および、子どもが「今」、どういう状態なのかを、日々の生活の流れの中で把握しておくことが必要である。それのみならず、計画を作るときには、①子どもと自分の現状＝「今」と、②ねらい＝子どもにとっての未来、保育者にとっての見通しの両方を考えておかなければならない。過去と未来が、子どもの現在において結び合わされる、そのような時間のイメージの中で、日々の保育は展開されていくものなのである。

5 発達過程に応じた保育

　保育指針においては、「保育の計画」を立案するにあたっても、3歳未満児においては、「一人一人の子どもの成育歴、心身の発達、活動の実態等に即して、個別的な計画を作成する」ことが求められている。そして、その保育の計画は、子どもの「**発達過程**」に即して作成されなければならないとされている。「発達過程」は、同年齢の子どもの均一的な発達の基準ではなく、一人一人の子どもの発達の道すじ、進み具合としてとらえるべきものである。発達における「個人差」の存在に留意しながら、保育の計画は作成されなければならない。

　「発達過程」は、「年齢」や「発達段階」とは異なった考え方である。「年齢」、「発達段階」という見方は、どうしても、あらゆる子どもに当てはまる画一的で、普遍的な指標として捉えられることが多い。それに対し「発達過程」とは、一人一人の子どもの発達の道すじの違い(個人差)を意識しながら、発達の進み行きを、不連続な段階を踏んでいくものとして捉えるのではなく、連続的で、可逆的なものとして捉えることを求める概念である。

　そもそも、「発達段階」という考え方には、どうしても、抽象性が付きまとう。というのも、発達研究とは、研究者が、子どもがさまざまな側面を変化させながら、刻一刻と生きている中の、ある一面を捉えることによって成り立つ。どの側面を捉えるかは、観察者(研究者)の目的や、興味関心によって異なってくる。発達についての記述は、どの子どもについても当てはまることを目指して書かれている。言い換えれば、どの子どもの実態も、そのような「平均化」された像とは、大なり小なり、ズレを含んでいるように見える。それは、どの子どもにも当てはまるような発達の道すじを、説得的に示そうとした発達研究者たちの意図からすれば、

118

不本意な事態であっただろう。

　とはいえ、普遍的な発達の基準が見いだせないということは、発達段階についての研究が、無意味だということを意味しない。「大まかなガイドライン」を示すことは、その子どもの特性を知るうえでも重要なことである。子どもの発達には、方向性と順序性があることを、発達研究は明らかにしてきた。発達には、個人差を含みつつも、一定の順序を経て、ある方向へと、状況が収斂していくという性質がある。「発達段階の研究が、完ぺきではない」ということは、「発達研究が不要である」とか、「発達研究が悪である」ということとは全く別のことなのである。

　注意しておかなければならないのは、「発達段階」とは、あくまで、子どもに関わる大人にとって必要とされる一つの視座、指標なのであり、発達している当の子どもがそれを意識することはない、という当たり前の事実である。

　それでは、子どもにとって、発達とはどのような意味を持つものなのだろうか。子どもにとって発達とはどのようなものなのかを捉えるために、津守真は、「発達の体験」という言葉を使うよう提案している。津守によれば、「発達の体験」とは、「あるときには、生命体の世界の自然の推移の中に部分的に意識され、あるときには、その中で、決意をもって、自分から一歩をふみ出す瞬間として意識される」ような体験である（大場ほか　2012：138）。言い換えれば、「発達体験とは、後から振り返ったときに実感をもって想起される記憶」である。

　時間の流れの中で、発達を捉えていく必要があるのであり、今まさに発達している子どもにとっては、それは意識されていない。発達を、ある一定のステージまで達成し、その進んできた道すじを、子ども自身が、周囲の他者と共に振り返るとき、「発達できた」というような、過去の「想起」として、発達は初めて意識される。発達はつねに現在進行形なのだが、それが発達であるということが判明するのは、時間が経過し、発達を「完了」した時なのである。保育者は、この発達の歩みを子どもと共にし、さらに、歩んできた「発達の体験」を、子どもと振り返り、その意味を考える存在だと言えよう。

　一方、エリクソンは、発達過程を論じる中で、「**発達課題**」という考え方を提案している（エリクソン　1977）。人生を8つの段階に分け、それぞれの段階で、個々人がこなし、乗り越えなければならない「課題」があるとする考え方である。この課題を、達成することが困難であるようなとき、その状況を「危機」であると、

エリクソンは考えた。彼の考えでは、発達する、成長するということは、それぞれの年齢の段階における危機を乗り越えるということなのである。

　エリクソンは、幼児期を、0〜1歳児、1〜3歳児、3〜6歳児の三つの年齢段階に分け、それぞれの発達課題と、それを達成できなかった時に陥る危機を示している(エリクソン 1977)。それによれば、0〜1歳児期における、発達課題は、「(特定の養育者に対する)**基本的信頼感**」を獲得することである。それに失敗すると、周囲の環境を信頼することができないという、「基本的不信」という危機に陥ってしまうとされている。「私は世界を信頼できるか？」という問いに、肯定的に答えることができるようになれば、この課題を達成できたと言える。

　1〜3歳児期における発達課題は、「自律」、すなわち、自分をコントロールする力を獲得することである。この課題の具体的な表れは、「トイレット・トレーニング(排泄練習)」である。自分の便意、尿意を、トイレという排泄に適した場に達するまで、コントロールすることができるのか、という課題である。この自律を獲得するという課題に失敗すると、「恥と疑惑」という危機に陥る。この段階では、「私は自分の行動を制御できるか？」という問いに、肯定的に答えることができるようになることが目指されている。

　幼児期の後期、3〜6歳児期における発達課題は、「自発性」の獲得である。この獲得に失敗すると、罪悪感という危機に陥る。「私は親(信頼できる親)から離れて自分の世界を探求できるか？」という問いに、肯定的に答えられるようになることが、この段階の発達課題をクリアした証であると言える。

　それでは、以上に見たような、乳幼児期の発達課題を踏まえながら、乳幼児期における発達の特徴を順に見てゆこう。保育指針では、第2章の保育の内容において、保育のねらいと内容を、乳児、1歳以上3歳未満、3歳以上の三つの年齢段階に分けて記述している。そして、それぞれの「基本的事項」の中に、発達過程の特徴が述べられている。

　乳児期の発達過程の特徴として、首がすわること、それに続いて寝返り、腹ばいなどの全身の動きが活発化していくことが挙げられる。喃語によるコミュニケーションも活発化し、応答的に関わってくる特定の養育者との間に、情緒的な絆、すなわちアタッチメント(愛着)が形成されてゆくとされる。乳児期の心と体の健康は密接な関係にあり、アタッチメントが形成されていることが、身体の発達にも重大な影響をもたらすと考えられている。

　乳児期後期の発達過程の特徴としては、座る、はう、立つ、伝い歩きなどの運動機能の発達によって、「**探索活動**」が盛んになる。特定の養育者との間の愛着関係はさらに深まっていき、その反面として、「人見知り」が現れるようになる。人見知りは8ヶ月不安ともいい、身近な良く知っている大人と、なじみのない大人を見分け、後者の大人に接すると不安を感じ、避けようとすることである。

　乳児期を生きる子どもにとっては、じぶんと、周囲の環境との境界が明確ではない。周囲の環境の変化と、響きやすくなるということであり、これを、佐伯胖は、「共振」と呼んでいる（佐伯編 2007）。乳児は、乳児は周囲の情動、態度に共鳴しやすく、無意識・自動的に「してしまう」という行為が多くみられる。環境と「周波数」が一致し、響きあう時に、「共振」が生じる。それは、乳児の側にも基本的な情緒（感情）が存在していて、他者の反応に自分の感情の表出を「合わせる」ことができるからである。乳児が、情動を表出することによって、周囲の養育者（大人）の養育行動が引き出され、養育者が乳児に合わせて反応することで、乳児は自分の情動を相手が理解してくれていると感じるという相互的な関わりが生じると言うのである。

　子どもは、乳児期の自他未分化な状態から、徐々に、「自我」を獲得し、他者や環境と、「自己」との間の境界を確定し始める。その、最も初期の表れが、いわゆる「人見知り」であると言える。周囲の養育者との相互作用を繰り返してきた乳児は、生後数ヶ月になると、自分の欲求にいつも適切に対応してくれる養育者を「特別の他者」として認識するようになる。その「特別な他者」が見えなくなり、離れてしまったり、それ以外の他者に接すると、不安や恐怖を感じるようになる（8ヶ月不安）。この人見知りによる不安の表れは、周囲の特別な大人との相互作用の結果生み出された愛情のきずなが形成されていることの証であると考えられている。このような愛着関係は、親などの養育者だけでなく、保育者との間にも作られる。子どもは、発達に従って、周囲の環境への関わりを深めていく。これを「**探索活動**」と呼ぶ。この探索活動が可能になるためには、子どもが、目には見えなくても、自分を見守ってくれていて、戻ろうと思えば、いつでも自分を受け入れてくれる他者の存在を実感できることが重要である。このような存在を、「**安全基地（避難港）としての保育者**」と呼ぶ。

　乳児期に続く、1歳以上3歳未満の幼児期前期、ピアジェのいう感覚運動期（主に、感覚と身体を運動させることにより周囲の環境を認知していく時期。2

歳くらいまで）では、玩具等を実物に見立てるなどの象徴機能が発達する。周囲の人間や、物との関わりの幅がより一層増す。愛着のある周囲の大人とのコミュニケーションの欲求が高まって、指さしを盛んにおこなう。2歳頃になると、二語文を使って自分の欲求を周囲に伝えようとする姿が見られるようになる。

　2歳頃には、食事、排泄、衣類の着脱など、基本的な生活習慣を身につけるための身体的な機能が整ってくる。語彙の増加も著しい。自我の育ちの表れとして、強い「自己主張」が見られる。

　幼児期後期、ピアジェにおける前操作期（直観的思考、自己中心性を特徴とする2〜6歳の時期）は、3歳以上として段階分けされている。この時期においては、他者との関係性を作り上げ、その中で互いに影響を与え合っているという実感と自信を育てることが重要な課題となる（佐伯　1995b：107）。つまり、「私にとってのあなた」と、「あなたにとっての私」が、それぞれ独立した人格であることを認め合うこと、コミュニケーションを積み重ねていくにしたがって、お互いに相手に変化を与えることができるという感覚と、それを積み上げていくことによって自信を持てるようになることである。「私」が「あなた」に影響を与え、「あなた」も「私」に影響を与え、お互いに変化し続けるという関係性を作り、維持することが求められるのである。

　3歳になると、基本的生活習慣がほぼ自立する。自我の成長がはっきりとして来て、周囲の子どもたちとの関わりも増えるが、その遊びは、パーテンの言う「平行遊び」であることが多い。周囲との大人との生活の中で経験したことを、ごっこ遊びの中に取り入れるなど、象徴機能の発達が著しい。

　4歳になると、身体の平衡感覚が発達し、動きはより巧みになっていく。想像力が発達し、自分の行動の結果が予測できるようになる。周囲の子どもとの関わりが密接になっていく一方で、けんか・葛藤も増えるが、決まり（ルール）を守ろうとしたり、我慢をしたりするなど、自分をコントロールすることができるようになってくる。

　5歳になると、言葉により、友だちと共通のイメージを作って遊んだり（協同的遊び）、友だち集団で目的を設定して、それを達成しようとして努力する行動が見られるようになる。大人によって示されたルールでなく、自分たちでルールを作り、守ろうとする姿勢も出てくる。その中で、けんかなどの葛藤を、自分たちで解決しようとしたり、相手を批判したり、許したりする対人関係の能力が育ってくる。

集団の中の個人、仲間の中の一人であるという自覚的な意識が生まれてくる。

　6歳になると、仲間の意思の尊重、役割分担を持つような協同遊びやごっこ遊びが行われる。以前の経験や知識を活用して、自分たちの遊びを創意工夫して展開し、発展させようとする。自然事象や社会事象などへの興味関心も広がっていき、文字を学ぼうとする意欲も見られるようになってくる。

　第1章・総則の3「保育の計画及び評価」においては、3歳未満児の指導計画作成には、個別的な計画を作成して個々の子どもの実態に応じるべきこと、3歳以上児の指導計画を立案する際には、「個の成長」と、「子ども相互の関係や協同的な活動」が促されるよう、特に注意を払うことが求められている。保育の計画は、当然のことながら、発達過程に適合したものでなければならない。幼児期後期においては、個人の発達と集団の発達の調和が特に求められているのである。

　ピアジェに代表される古典的な発達研究では、子どもの発達は、乳児期の自己中心性から抜け出し、周囲の他者との関係性を構築する能力、言い換えれば社会性を獲得していく過程と見なされることが多かった。この見方に対し、強い批判を向けたのは、ヴィゴツキーであった。彼は、子どもの学びは、他者とのコミュニケーションの過程と切り離せないと考えていた。彼は、「**発達の最近接領域**」という、「自分一人ではできないが、周囲の保育者、友だちと一緒にならできること」が、その子どもが、次に到達するであろう発達領域であり、他者との関わりの中で、その発達が促されると考え、集団の中での学び、共同性の中での学びに注目を促した（田島　2003：9）。他者との関係の中での発達を重視するというヴィゴツキーの視点は、保育指針の中にも取り入れられていることは明らかだろう。

　ヴィゴツキーは、子どもが、周囲にいる具体名を持った、かけがえのない他者たちとの交流の中でこそ、発達を成し遂げていくと考える。ヴィゴツキーは、ピアジェの発達論が、どんな地域の、どんな子どもに対しても当てはまる、普遍的な発達段階があるという考え方に対して批判のまなざしを向けたのである。ヴィゴツキーの考えを継承しようとする心理学者は、子どもの発達は、その子どもが生まれ落ち、そして育つ、ある特定の文化の中で、多様な他者とコミュニケーションを積み重ねていく中で実現するものであると考えている。そういう立場からすれば、発達段階や、発達課題は、それぞれの文化の間では、異なるものとなるはずだ。

例えば、保育指針に掲げられているような、発達過程における個人差に配慮した保育とは、その子どもが背負っている家庭的、社会的な背景を踏まえた上での発達援助という意味もこめられていることが、ヴィゴツキーの発達論をふまえることで見えてくる。保育指針では、子どもの個人差、個々の家庭における生活をふまえた発達支援が行われることが求められている。

　子どもたちは、周囲の大人たちが作り上げている共同体(コミュニティ)の中で行われる様々な文化的な活動に、どのように参加すればいいかということを、何度も試行錯誤しつつ、学びながら、発達・成長していく(ロゴフ 2006:487)。文化的な活動とは、芸術やスポーツなどに限られない。あいさつや、衣食住に関わる習慣など、身近なふるまいも、社会的な集団の中で、歴史の流れの中で少しずつ作り上げられ、変化してきた文化的な活動である。子どもたちがそのような文化的な営みに参加する中で、それに相応しいふるまいを身に付け、自分なりのアレンジを加えながら、それをより文化的に価値ある「よりよいもの」にしていこうという実践のことを、トマセロは、「**文化的学習**」と呼んでいる(佐伯 1995a:86ff.)。そのようにして、子どもが参加するコミュニティの中で作り上げられた新しい文化は、言葉や、道具などを介して、同世代の多くの人々、そして、次の世代の人々にまで継承されていくのである。保育とは、まさに、そのような、世代をまたぐような「文化的学習」の場でありつづけてきたし、これからもその働きを維持していかなければならない。

　ただ、上で見てきたようなピアジェとヴィゴツキーの発達論は、全く両立しえないわけではない。ピアジェは、子どもが単独で活動しているときのふるまいから能力を捉えようとし、ヴィゴツキーは、子どもが集団の中で、他者と協同しているときのふるまいから能力を捉えようとした。両者の子どもに対する見方と、子どもの能力に対する見方は、子どもがどのような状況におかれているかによって、使い分けることができるはずだということを付け加えておきたい。

6 保護者との緊密な連携と子育て支援の専門性

　2003(平成15)年の児童福祉法改正、2008(平成20)年の保育指針の改定において、子どもの保護者に対する「**子育て支援**」という、保育者の新しい職務が登場した。この職務は、現行の保育指針にも受け継がれている。児

童福祉法(第48条の4)においては、地域の子育て家庭に対する支援が、保育所の努力義務として規定されている。

　保育指針では、第4章において、子育て支援に関する規定がなされている。そこでは、子育て支援に当たって、保護者の気持ちを受け止めること、それによって相互の信頼関係を作り上げ、子育てに関して保護者が自己決定できるように導いていくことが求められている。

　保護者に対する支援は、保育所と、保護者との間で、保育、子育てに対する「相互理解」を前提として行われる。そのためには、両者の間において、子育てにおける「価値観」の共有が図られること、保育所の方針、子どもの育ちの現状などについての「情報」の共有が図られることが重要である。保育所から発信される情報には、保育所における子どもの様子や、日々の保育の意図などが含まれる。これらを、日常的、継続的に保護者に説明していくことが求められている。情報共有のためのメディア(媒体)には、さまざまなものが考えられる。園便り、掲示板などの従来からの手段もあるが、ウェブサイトの利用、SNS(ソーシャル・ネットワーク・サービス)の活用、保護者による育児サークルによるイベントの開催など、特色ある情報共有のための試みを進めている園も多い。

　加えて、保育指針では、「保育所を利用している子どもの保護者に対する支援」とは別に、入所していない子どもの保護者に対する支援をも、「地域における保護者等に対する子育て支援」として規定している。具体的な内容としては、子育て家庭への保育所機能の開放、子育て等に関する相談や援助の実施、子育て家庭の交流の場の提供と促進、地域の子育て支援に関する情報の提供などが挙げられる。

　実際に、保育現場に寄せられる保護者からの相談の内容は、「子どもの発達について」、「各種サービスや機関、情報の利用方法について」、「子どものしつけや教育について」などが多い(小田ほか編　2013:175)。保護者から寄せられるのが、育児不安に関する相談であれば、「受容」「傾聴」という姿勢で対応すればよいが、情報を求めたり、知識を求めたりする相談内容であれば、聞いていればよいというわけにはいかない。

　保護者に対する子育て支援が、保育指針のみならず、幼稚園教育要領にも明記されるに至って、子育て支援者としての保育者の専門性として、強く注目されるようになったのが、「**ケア**　care」という概念である。ケアとは、もともとは配

慮、気遣いの訳語として使われてきた。「気に掛けること」「気にすること」というような意味である。それを、看護職、介護職など、対人関係を含む業種の職務内容を考えるときに転用する際、他者の成長に対する援助、献身、忍耐などの特質と、ケアは絡めて論じられるようになった。言いかえれば、ケアとは、**受容**的姿勢、**傾聴**的態度をもって、他者と関わるということである。

　保育者は、子どもに対してケアをする。同時に保護者に対してもケアをする。ケアすることは、あくまでも、保護者支援の、いちばん初期の段階に必要とされる姿勢だということである。ただし、いつまでもケアさえしていればよい、受動的な姿勢を貫けばよいというわけではないということは強調しておかなければならない。

　「ケア」も含め、保育者が、保護者に対してとるべきだとされている姿勢を、「**カウンセリング・マインド**」と呼ぶことができるだろう。「カウンセリング・マインド」とは、精神科医ロジャースの「クライエント中心療法」において提案された考え方である（青木ほか 2001）。ロジャースは、「相手の言葉を繰り返す」、「相手の言葉をまとめて投げ返す」など、**受容、共感**の姿勢を、カウンセラーは持つべきだとした。このようなカウンセリング・マインドは、「非指示的」技法とも言われている。クライエントである保護者との信頼関係（ラポール）の構築のための第一歩は、「話を聞いてもらっている」という感覚を、保護者に抱いてもらうことである。その感覚は、「一人の人間として尊重されている」という、保護者の自尊心に配慮する感覚である。

　カウンセラーの役割を負う保育者の、受容的な態度によって、相談者（クライエント）は、自分の置かれた状況を客観的に捉え、問題の解決への筋道を、自ら見出すことができるようになるというのである。カウンセラーが指示をし、その指導に従って解決の道すじを探るのではなく、カウンセラーは、クライエント自身が、問題解決への力を持っていることを信じ、それを引き出すこと（エンパワメント）に全力を注ぐのである。この意味で、保護者に対する援助は、社会福祉における「ケースワーク（相談援助）」であると言える。

　バイステックは、ケースワーク（相談援助）の進め方について、7つの原則を示している（新保育士養成講座編纂委員会編 2012：125-126）。この7原則は、保護者に対する子育て支援における姿勢として、求められる原則である。

　①**個別化**。これは、保護者が抱えている問題を一般化しないということである。保育者は、「よくあることだから」と片付けるのではなく、保護者が、ほかなら

ぬ自分の、差し迫った悩み（問題）として、抱えていることを察知しなければならない。

　②**意図的な感情表出**。保護者に、感情を抑え込むことなく吐き出させるということである。自暴自棄であったり、攻撃的であったりするような否定的感情であっても、それを自由に表現し、伝えたいという思いを大切にする。これは、否定的感情を出しても、軽蔑も非難もされないという安心感を保護者に得てもらうためである。

　③**統制された情緒的関与**。保育者は、保護者の感情を受け止めつつも、過度に巻き込まれないよう留意しなければならない。保育者は、自分の感情をコントロールし、過剰な興奮（もらい泣きする、共に怒りに打ち震えるなど）を控えなければならない。

　④**受容**。保護者のありのままを受け止めるということである。保育者は、自分の価値観で、保護者の考え方についての先入観や予断を持つことを避けなければならない。

　⑤**非審判的態度**。保育者は、保護者の考え方、訴えの内容が反社会的、反倫理的であったとしても、即座に否定してはならない。否定的な関わり方をされた保護者は、保育者に対して警戒感を抱き、それ以降の自己開示を避けるようになってしまうであろう。

　⑥**自己決定**。保育者は、保護者に対して指示をし、領導するという態度をとるのではなく、最終的に、保護者の悩み、問題を解決する力は、保護者自身が持っているという信頼をもとに、保護者自身の決定を尊重するということである。保護者の持つ力を発揮させることができるような、状況を作り出す援助を行うこと（エンパワメント）が、保育者の役割であると言える。

　⑦**秘密保持**。保育者は、相談によって知り得た情報を、正当な理由なく、外部に口外してはならないという守秘義務のことである。

　保護者の子育て支援のプロセスにおいて重要なことは、保護者に対して、「個人として、真摯に対応している」という感覚を与えることである。というのも、保護者は、無視される、軽んじられることをもっとも嫌うからである。保護者支援は、保護者と保育者との間の人格的な信頼関係（ラポール）に基づき、その信頼関係は、継続的な情報の交換と、共有すべき価値観を再確認し続けることによって、絶えず支えられ続けるべきものであることを、忘れてはならない。保育者

は、保護者と子育ての苦しみや楽しみを共有し分かち合い、悩みや葛藤を吐露しあう、いわば子育てのパートナーなのである。

7 職員の資質向上

　少子化が進行し、総人口に占める乳幼児の割合は低下し続けているにもかかわらず、保育所の数、保育所に在所している園児の数は、増加を続けている。今後も、保育所の増加や、保育士の増加は続いてゆくだろう。このような保育の拡大は、「量的拡大」と言える。これは、待機児童問題に悩まされる都市部では、特に深刻な課題である。しかし、それとは別に、すでに行われている保育の「質」を向上させることが、1990年代の後半から、新しい課題として強く意識されるようになってきた。これを、**保育の質の向上**の課題という。保育指針においても、研修体系の整備、保育の省察と自己評価などによって、保育の質の向上、改善を図ることが求められるようになってきている。

　「保育の質」には、日々の保育実践が、子どもの成長にどう影響しているかという「プロセスの質」の他に、職員配置、クラス人数の上限、保育者の資格などの、保育の条件に関する「構造の質」、職員の給与や職場の人間関係など、保育者にとっての「労働環境の質」など、さまざまな側面がある。保育の質は、保育室の中だけで議論されるのではなく、保育所全体の環境や、それを整備する自治体、政府の責務も含めて議論されていかなければならない。

　保育指針では、第5章において、「保育所は、質の高い保育を展開するため、絶えず、一人一人の職員についての資質向上及び職員全体の専門性の向上を図るよう努めなければならない」とし、職員の資質向上の必要性をうたっている。保育指針では、職員の資質向上に、直接的な責任を負うのが施設長であることが明記されている。施設長は、保育所内外において「体系的・計画的な研修機会を確保」しなければならない。ここで計画的というのは、保育者の**キャリアパス**(職務上、キャリアアップしていくために必要な知識・技能の段階)を踏まえて、初任者から管理職の保育者まで、経験年数と職位、職務の内容に応じた研修をデザインしなければならないということである。そして、職務内容には、研修の成果が適切に反映されるよう、施設長は配慮しなければならない。

　保育者は、現状に満足することなく、不断の資質向上へ向けた**研修**の機会を与えられるべきであり、その資質の向上は、保育者同士が、主体的に学び合うという協同の学びのなかで成し遂げられていくとされているのである。

　その一方で、職員の資質向上に当たっては、個々の職員の努力のみに過度な期待と要求が押しつけられることが多いという問題点がある。そのような問題点を解消するためには、職員を組織として捉え、OJT（オン・ザ・ジョブ・トレーニング）、Off-JT、外部研修などのさまざまな形態の研修を、システムとして組み込み、組織全体として保育機能の向上を図ることが求められてくるのである。

　それでは、保育者に求められている資質とは、具体的にどのようなものだと考えられるだろうか。柏女霊峰は、保育者に求められる技能を、「**受信型技能**」と「**発信型技能**」の二つのタイプに分類している（網野ほか　2006）。「**受信型**」の技能とは、子どもや親の感情に気づき、受け止めるスキルのことである。言葉を聴く力だけに限らず、身体的な特徴や、感情の機微を捉える力もここには含まれている。それに対して、「**発信型**」の技能とは、子どもや親の感情や行動に働きかけ、変容をもたらすスキルのことである。

　柏女は、便宜的にこの二つの技能を区別しているが、実際の保育の中では、この両者の能力は、不可分のものとして求められてくる。子どもや保育者のニーズ、心情を受信することがなければ、適切な関わりや情報を発信することはできない。その発信の結果を、再び受信し、その結果に基づいて、再び発信的に関わっていく。このように、受信と発信は、お互いがお互いの前提となるサイクル状のプロセスであり、実践の中では切りはなすことができない。

　さらに、発信と受信の中間に位置する技能として「模倣する力」、「圧倒される力」を挙げることができるだろう。「模倣する力」とは、目の前に展開される自然の現象、あるいは他者の動きを、即興的に模写し、それを演じる力である。「圧倒される力」とは、感性的な能力と言い換えることも出来るだろう。カーソンは、人間を取り巻く自然の持つ不思議さ、自分の力でどうしようもない、とてつもないものを感知（畏怖）する感覚を、「**センス・オブ・ワンダー**」と名付けた（カーソン　1996）。保育者の感性も、このセンス・オブ・ワンダーを含むものと考えてよいであろう。センス・オブ・ワンダーとは、アニマシオン（魂の躍動）を呼び起こす感性と呼んでもよいだろう。言い換えれば、感動に打ちのめされる力である。この感動を、子どもに伝え、子どもの感動を自らの感動として共有するのが、保育

者の役割の一つである。

　外界の出来事に対して、敏感であるという資質は、古くから、保育者の「感性」として求められてきたものと通じる。例えば、増田まゆみは、保育者に求められる感性として、「子どもに驚く力」、「自然の変化に感動する力」、「芸術や文化に触れて感動する力」の三つを挙げている（網野ほか　2006）。

　以上のような資質、感性は、保育者の個人的な努力のみによって高められていくわけではない。同じ保育所に勤務する他の職員との協力、助言によって、その上達が促されていく。ここで重要なのが、同僚の保育方針、保育技術に対して、率直に意見を述べ合えて、かつ、自分の長所を生かしてサポートし合えるという、「**同僚性　collegiality**」を構築することである。そのために、保育カンファレンスを導入し、保育のあり方について、複数の職員が、それぞれの立場から多様な見方を寄せ合い、自分の保育の考え方を反省し、相対化する試みが、広く行われるようになってきた。これは、学校における授業研究の方法としても取り入れられている「羅生門アプローチ」と近い方法である。一つの実践、出来事に対しては、多様な解釈がありうるし、そのどれかが絶対に正しいということはありえないということに気づくことができることが、このような同僚性を生かした反省のメリットである。子どもの学びが協同的であるということを、先ほど述べたが、保育者の学びもまた、他者と共にある協同的な学びなのである。

8　倫理観に裏付けられた保育士の専門性

　保育士が、国家資格化され、本格的な「**専門職**」への歩みを始めてから、10年余りが経つ。「専門職」とは、「取り換えが利かない特殊技能、知識」を持ったスペシャリストのことである。従来から専門職の典型例と考えられてきた職業に、弁護士、医師などがある。それらの職業が、社会的威信に支えられているのとは対照的に、保育士は、現在においては、その社会的ステータスの低さ、給与の低さなどに表れているように、その専門職としての存在意義がいまだに十分に認知されているとは言いがたい。保育士はまだ、「未熟な専門職」であるといえる。

　さて、「**専門職 profession**」とは何であろうか。ある職業が「専門職」であるための条件としては、以下の5つのものが考えられるだろう（汐見ほか　2010:9

3)。

①そのメンバーになるのに長いトレーニングを必要とすること。
②メンバー全員が、専門化した知識の集合体を共有していること。
③ミッション、公益への強い責任感、一連の価値観を共有すること。
④形式化された倫理綱領に同意された基準があり、それが社会に対するメンバーの道徳的責務を展開し、公益に奉仕することを確信させてくれること。
⑤自律性と自己規制を持っていること。

　保育者は、現状では、以上の条件をすべて満たしているとは言いがたい。しかし、保育者の専門職としてのステータスを確立するための試みは、既にいくつか始められている。その一つとして、「**全国保育士会倫理綱領**」(2003年)の制定があげられる(全国保育士会編　2009)。
　この倫理綱領では、前文において、保育士の3つの職務が掲げられている。

①私たちは、子どもの育ちを支えます(**子どもの保育**)。
②私たちは、保護者の子育てを支えます(**家庭への子育て支援**)。
③私たちは、子どもと子育てにやさしい社会を作ります(**社会環境の改善**)。

　①は、「子どもの保育」としての職務と言える。②は、家庭への子育て支援としての職務である。この職務は、児童福祉法における「保護者に対する保育指導」に当たるものである。これは、今世紀になって注目されてきた新しい職務である。それに対して、③は、社会環境の改善と言うべき職務である。これは、従来、保育所という制度の中で完結するものと考えられがちであった保育の仕事を、保育所の外へと向けていく必要性をアピールしたものであるといえる。保育者は、保育所の中で行われる保育が、それを取り巻くより大きな規模の社会環境の影響を受けているということを念頭におかなければならない。そして、保育の現状について、社会に対してメッセージを発していく使命を負うことを宣言したのが、③である。
　倫理綱領では、これにつづいて、本文において、8つの倫理項目が掲げら

れている。

　第一に、「**子どもの最善の利益の尊重**」である。すでに述べたように、「子どもの最善の利益」とは、1989年に国連で採択された「子どもの権利条約」の基本理念である。子どもの最善の利益とは、その子どもに関わる大人の利益、あるいは子どもの現在の即自的な必要性からのみ、考えることはできない（子どもが、その時点で最も望んでいることが、「最善の利益」であるとも限らない）。その子どもに対する将来的な視点を持ち、この子どもにとって、「もっともためになる」ということはどういうことかを反省的に考察していくことによって、肉薄できるものである。「子どもにとって」を理解することは、すなわち、子どもの立場に立つ、子どもの目線で見るということに他ならない。これは、「保育者のよかれという愛と正義を拒否する側」に立つということである（大場　2007：37）。保育者が、自分の倫理観や常識の外側に立つことを、子どもは要求してくるのである。

　第二は、「**子どもの発達保障**」である。「子どもの最善の利益の尊重」の具体化として、「養護」と「教育」の一体性を保ちながら、過去から現在、未来への子どもの育ち（発達）が、ストーリー性を持った一連のものとして連続していくことである。子どもの発達は、時間軸の中で、通時的に捉えていかなければならない。つねに、発達の「次」なるステージを見通す視座が、保育者には求められているのである。

　第三は、「**保護者との協力**」である。保育は、保育所のみでは完結しない。すでに述べたように、子どもの生活は、園と家庭を往復する中で展開されているからである。保護者との価値観、子育ての方向性を議論の末に共有し、子育て、子育ちの喜びを、共感的な姿勢で受け止めてゆく、子育てのパートナーであることが求められている。

　第四は、「**プライバシーの保護**」である。個人情報保護法の施行以来、個人が特定される「個人情報」という概念は、一般に広く浸透しつつある。保育所は、子どもの生育状況や、家庭的な背景に関する、高度の個人情報が集まりやすい場である。「善意」から、個人情報を公表することも、あってはならない。写真や個人のエピソードなどを扱う際においても、不特定多数の人間に晒されるのであれば、必ず、事前に当事者の了解を求めることが必要とされる。

　第五は、「**チームワークと自己評価**」である。保育の質の向上のために、注目されている二つの概念である。チームワークとは、同僚性の構築により、職

員間の有機的な連携を可能にする努力を求めているものである。価値観、目的意識を熟議によって共有したうえで、実際的な保育方法、展開の検討を図るのである。二つ目の「自己評価」とは、保育者が自己の保育を反省（省察）するための有力な方法である。保育記録の整理・見直しなど、従来の方法を洗練していくほかに、チェックリストを導入するなど、新しい方式を導入することも検討されていかなければならない。

　第六は、「**利用者の代弁**」である。「代弁」とは、「誰かの代わりにメッセージを伝える」という意味の英語である**アドボカシー**（advocacy）の日本語訳である。アドボカシーは、「権利擁護」と訳される場合もある。保育士の職務の対象である子どもや保護者は、必ずしも、自分のニーズを自分の言葉で表現し、それを適切な窓口に伝達することができるとは限らない。保育者は、傾聴的な態度をもって、子どもや保護者の心情、期待を受け止め、それを適切な人物や機関に伝達していくという、媒介としての役割を負うのである。大場幸夫が述べるように、保育者の主要な職能は、「こどもの育ちを支える働きの連続性・継続性に寄与すること」である（大場　2007：93）。それは、「こどもの状況を的確に近接専門家に伝達したり、次の担当者にその子の育ちのよき担い手・支え手になってもらうために必要な情報を託したりすること」である。このように、保育者は、子どもをめぐる様々な人と機関を「結ぶ」「繋ぐ」という役割を負うのである。

　第七は、「**地域の子育て支援**」である。在園児の保護者でなくとも、保育所が位置する地域の子育ての当事者（保護者など）であれば、保育所において、子育てや子どもの育ちに関する悩みを相談したり、子育て支援に関わるイベント（保護者同士の茶話会など）に参加することができる。保育者は、そのような情報と交流を求める地域の子育て家庭のニーズを敏感に察知して、その期待に応じられるような体制を整備する必要があるのである。

　第八は、「**専門職としての責務**」である。園としては、園内、園外の研修体系の充実を図る必要がある。それのみならず、ここでは「自己研鑽」が強調されている。保育に関するスペシャリストとしての自覚のうえに立ち、不断の努力によって、絶えず自己の知識と技術を向上できるよう心がけなければならない。

　以上に掲げられた理念を、自分なりの観点から具体化し、内在化していくことが、保育者としてのキャリアアップの道すじとなる。

　カッツは、保育者の専門性の深まりは、4つの段階を踏んでいくものと考えて

いる(フィニほか 1992)。第一段階は、「**生き残り**」がテーマとなる、就職後1〜2年目である。この段階では、とにかく、日々の業務を、最低限の水準であっても、こなし続けていくことが求められ、それに汲々とすることになる。第二段階は、「**足元固め**」と呼ばれる、2〜4年目である。ここに至ると、一応の保育実践に習熟し、保育に関する一定の自信を得られるようになる。この時期は、後輩保育者を迎える時期でもあり、保育をリードしていくことが求められ始める。第三段階は、「**再生**」と呼ばれ、保育実践のマンネリ化に悩まされるようになる。「保育者として、自分はどうするべきか？」という、内省的な問いを、自己に対して投げかける、危機的な時期である。第四段階は、「**円熟**」と呼ばれ、おおよそ、就職後5年目以降に訪れる。自己の保育観、子ども観を確立し、同僚や、保護者、子ども達からの信頼を獲得し、保育者としての自信を深める時期である。さまざまな役職を任されるなど、保育所の職員組織の中で中核的メンバーとして位置づけられるようになる。

　上で見たようなキャリアアップの中で磨かれていく保育者としての素質は、適切な環境の中で、後天的に獲得されるスキルであり、決して、先天的な気質、持って産まれた適性というわけではない。先天的な気質や、持って産まれた適性に、職業上の能力が著しく左右される職業であるとしたら、先に挙げた専門職の条件のうち、①そのメンバーになるのに長いトレーニングを必要とし、②メンバー全員が、専門化した知識の集合体を分かち持っているという二つの条件を満たしていないことになる。なぜなら、先天的な気質や適性は、たとえ長期間のトレーニングを積んでも、自発的な努力、研鑽によって獲得できないし、先天的な気質は、知識として外部化・可視化し、共有することはできないからである。

　保育者の社会的なステータスを、専門職化することによって高めていこうとするならば、まず、保育者の資質(条件)を、後天的な学習や訓練によって獲得することが可能な、知識と技能の総体であるという認識を、一般に広く知らしめる必要がある。そして、保育者の専門性を効果的に獲得・向上させてゆくためのプログラムをつくり上げていくことは、保育に携わるすべてのものが背負うべき課題である。専門職としての保育者としての熟達は、決して、大学・短期大学の保育者養成課程を修了しただけでは実現しない。その後の**キャリアパス**の中で、一歩一歩、専門職としての熟達を進めていくほかはないのである。

（吉田直哉）

134

参考文献

網野武博ほか　2006　『これからの保育者にもとめられること』ひかりのくに。

青木久子ほか　2001　『子ども理解とカウンセリングマインド：保育臨床の視点から』萌文書林。

カーソン　1996　『センス・オブ・ワンダー』上遠恵子訳、新潮社。

エリクソン　1977　『幼児期と社会1』仁科弥生訳、みすず書房。

フィニ／クリステンセン／モラヴィック　1992　『乳幼児教育への招待：新しい保育者の役割・新しい保育の実践』宮原英種ほか訳、ミネルヴァ書房。

ホイジンガ　1973　『ホモ・ルーデンス』高橋英夫訳、中央公論新社。

今井和子／神長美津子　2003　『「わたしの世界」から「わたしたちの世界」へ：葛藤を通した子どもたちの育ち』フレーベル館。

丸山良平ほか　2003　『保育内容としての遊びと指導』建帛社。

無藤隆　2001　『知的好奇心を育てる保育：学びの三つのモード論』フレーベル館。

――――　2009　『幼児教育の原則：保育内容を徹底的に考える』ミネルヴァ書房。

永井聖二／神長美津子編　『幼児教育の世界：子ども社会シリーズ2』学文社。

小田豊ほか編　2013　『保育・教職実践演習』光生館。

大場幸夫　2007　『こどもの傍らに在ることの意味：保育臨床論考』萌文書林。

大場幸夫ほか　2012　『保育者論』萌文書林。

大宮勇雄　2006　『保育の質を高める：21世紀の保育観・保育条件・専門性』ひとなる書房。

岡本依子ほか　2004　『エピソードで学ぶ発達心理学』新曜社。

ロゴフ　2006　『文化的営みとしての発達：個人、世代、コミュニティ』當眞千賀子訳、新曜社。

佐伯胖　1995a　『「学ぶ」ということの意味：新版』岩波書店。

――――　1995b　『「わかる」ということの意味』岩波書店。

佐伯胖編　2007　『共感：育ち合う保育のなかで』ミネルヴァ書房。

新保育士養成講座編纂委員会編　2012　『保育者論：新保育士養成講座第12巻』全国社会福祉協議会。

汐見稔幸ほか　2010　『保育者論：最新保育講座2』ミネルヴァ書房。

鈴木政次郎編　1999　『現代児童養護の理論と実践：新しい保育ニーズに対応する

　　児童養護の展開』川島書店。

田島信元　2003　『共同行為としての学習・発達：社会文化的アプローチの視座』金
　　子書房。

山下俊郎　1963　『保育理論①：保母養成講座第2巻』全国社会福祉協議会。

全国保育団体連絡会・保育研究所編　2017　『保育白書：2017年版』ひとなる書房。

全国保育士会編　2009　『全国保育士会倫理綱領ガイドブック』全国社会福祉協議
　　会。

第6章
保育の質を高めるための
計画と展開

　本章では、まず、保育の質とはどのようなものなのかを確認したうえで、保育の質を高めることと保育の計画や記録がどのように関連しているのか示す。次に、質の高い保育を展開するために必要な指導計画のあり方と、保育記録の具体的方法について解説する。最後に、保育の計画における目標を達成するために、どのような方法が効果的なのか考える手がかりとして、さまざまな保育形態と海外の保育を紹介したい。

Keywords
保育の質、全体的な計画、指導計画、保育の記録、PDCA サイクル、
カンファレンス、省察、保育形態

1　保育の質

　質の高い保育や幼児教育を提供するための公共投資は、犯罪率や失業率、罹患率等の低下につながり、社会へ多くの恩恵をもたらすことが、様々な調査や実験によって明らかにされている。このことから、国内外で保育への関心は高まっており、保育の質の向上も課題となっている。そこで、本節では保育の質とは何か、なぜ保育の質を高めるために計画・記録が必要なのか、ということを考えたい。

（1）保育の質とは
　保育の質については様々な側面から捉える必要がある。経済協力開発機

構 OECD の報告書『人生のはじまりこそ力強く *Starting Strong Ⅱ*』では、保育の質とは「子どもたちが心身ともに満たされより豊かに生きていくことを支え、保育の場が準備する環境や経験のすべてである」とされ、これは①志向性の質、②構造の質、③教育の概念と実践の質、④プロセスの質、⑤実施運営の質、⑥子どもの成果の質の6つの点で保障されるとしている。①志向性の質は、保育において大切にしていること、どのような保育を目指すかという目標、②構造の質は、保育所の設備や面積、保育士の配置人数など、③教育の概念と実践の質は、保育の内容に関する計画に関するもの、④プロセスの質は、日々の保育においてどのような環境構成をするかなど、⑤実施運営の質は保育所として質の改善への取り組み、⑥子どもの成果の質は子どもたちが実際にはどのような経験をし、何がどのように育っているかに関わるものである。

　大宮勇雄は国際的な議論を踏まえて、保育の質を、プロセスの質(日々の保育における子どもたちの経験の質)、条件の質(保育士の配置基準、クラス規模、研修など)、労働環境の質(保育士の賃金、退職率、仕事への満足度など)の三つに分けて捉えるべきだとしている。

　さらに、林悠子は保育の質を捉える視点として、3つのレベルがあるとする(林2014)。それは、保育者、保育所、国や自治体である。先程の OECD の保育の質の6つの視点を当てはめると、保育者レベルでは①③④⑥、保育所レベルでは①③⑤、国や自治体レベルでは①②が当てはまるだろう。よって、保育の質の改善に関しては、それぞれのレベルで取り組む内容が異なってくるということである。そして、保育の質の改善に取り組む範囲が広いのは、やはり保育者であり、保育者の専門性に負うところが大きい。

　このように、保育の質の中身は多岐にわたることが確認された。しかし一方で、わが国では、保育者による個別的な保育プロセスの質のみに注目されがちで、保育の質の改善は保育者自身の自助努力や自己研鑽によってなされるものだとされてしまう。その結果、保育者としての資質は心情や人格であるとする心情主義や情緒主義に陥っているとも言えよう(安部／吉田　2017)。また、保育の質や専門性とは何か、保育所保育指針の中では具体的かつ明確な定義付けはなされていない。あわせて、評価の根拠や基準もあいまいであり、それに対する国の責任も明記されていない(林　2014)。保育士のキャリアパスのための研修における内容項目が例として挙げられる中で、少しずつ保育者の専

門性も明らかにされつつもあるが、わが国における保育の質とは何か、まだまだ
議論し突き詰める必要がある。

（2）保育の質の向上に不可欠な計画および記録

　保育の質や専門性の向上についての内容は、2008年改定保育所保育
指針から盛り込まれ、2017年3月改定の保育所保育指針（以下、保育指針）
の「第 1 章　総則」のうち、「3　保育の計画及び評価」では、保育の記録と関
連付けて以下のように規定されている。

　　　　保育士等は、保育の計画や保育の記録を通して、自らの保育実践を
　　　振り返り、自己評価することを通して、その専門性の向上や保育実践の
　　　改善に努めなければならない。

　つまり、専門性の向上や質の改善のために、保育の計画や記録を保育者
自身の振り返りや自己評価に活用するということである。また、上記と同じ箇所
に、保育所全体の改善のためにも保育の計画と記録を用いることが以下のよ
うに規定されている。

　　　　保育所は、保育の質の向上を図るため、保育の計画の展開や保育
　　　士等の自己評価を踏まえ、当該保育所の保育の内容等について、自ら
　　　評価を行い、その結果を公表するように努めなければならない。

　このように、保育の計画や記録は、保育者自身だけではなく、保育所全体
におよぶ質の改善において重要な役割を担っている。
　ところで、前項で述べた多義的な保育の質に直面することが多いのは保育
者であり、保育の質をより高めていくための様々な改善点にも気づきやすい。そ
れは、前述した④の保育プロセスの質についてだけではなく、保育の構造（スト
ラクチャー）の質など、その他の質の改善点においても当てはまる。よって、保育
の質の改善には保育者発信によるボトムアップ的な働きが不可欠となり、保育
の内実が保育者以外の第三者にも可視化できるようにしたい。その方法が、
言語化された保育の計画および記録なのである。保育者同士のみならず、保

育者と園、保育者と国や自治体が、質の向上を目指して対話するために計画や記録を用いることは、きわめて有効である。

　保育の計画は保育を行う前に立てるもので、保育目標や保育者の願い等を反映しており、先述の保育の質のうち、①志向性の質や③教育の理念と実践の質に関連する。一方、保育の記録は、保育の後に保育を通して実際には子どもたちが何を経験し、どのような育ちがみられたかという事柄を中心に記載するもので、それは④プロセスの質や⑥子どもの成果の質に関わってくるだろう。保育の計画と保育の記録については次節と第3節で説明する。

2　保育の計画

　保育所は保育理念等を示した**全体的な計画**を編成し、保育者はこれを具体化した**指導計画**を作成する。これらの保育の計画は、**PDCAサイクル**と呼ばれる「計画－実践－記録・評価－改善」の循環に組み込ませることでより良いものとなり、質の高い保育を目指すことができる。保育の計画は、このサイクルの最初にくる事項である。本節では、まず PDCA サイクルについて解説した後に、全体的な計画と指導計画に必要な事項を説明する。計画をどのように捉え、どのように立てていくのか、保育の質を高めるための計画について考えてみよう。

（1）R-PDCA サイクルと SOAP サイクル

　保育の質を向上させるために採用されているのが、「**PDCAサイクル**」という手法である。Plan（計画）→Do（実施）→Check（反省・評価）→Action（改善）を一つのサイクルとして、これを繰り返しながら目標や目的を達成していく。本来は企業組織における経営の効率化や、統一した管理のために用いられたマネジメント手法の一つであり、このプロセスを踏むことが事業活動や営業活動で有効性を持つとして利用されてきた。近年では義務教育改革にも採用され、賛否はあるものの、PDCA サイクルの適応範囲は広がりを見せている。全体的な計画と指導計画は、このサイクルの P（計画）にあたる。

　ところが、このサイクル先頭にある P（計画）を考えるとき、まず子ども一人ひとりの発達状況や、置かれている環境を把握していなければ難しいことに気付くだ

ろう。そのため、最初に子どもたちの現状把握を表す Research(リサーチ)が必要である。では、具体的に R(リサーチ)はどのような視点で捉えたらよいのだろうか。

例えば、河邉貴子は、Subject(主体)→Object(対象)→Assessment(判断)→Plan(計画)という **SOAP サイクル**を提唱しているが、このサイクルは、P(計画)に先行して S(主体)、O(対象)、A(判断)が置かれていることが特徴である(小田／神長編著 2013)。各項目の内容は、S「子ども主体、子どもという主人公がどんなことが面白いと思って行動しているか」、O「それを保育者はどのように理解するのか、子どもの興味・関心はどこにあるのか」、A「子どもの実態から子どもを理解し、今どのような経験が必要なのかを、保育者との関係で考える」、P「保育の計画。子どもの実態から子ども理解をしたうえでねらいを立て、子どもに必要な経験を導き出す環境構成や援助を計画する」となっている(小田／神長編著 2013)。つまり、SOAP サイクルの S(主体)、O(対象)、A(判断)は、R-PDCA サイクルの R(リサーチ)に含まれると捉えることができる。このように、P(計画)と R(リサーチ)は密接な関係にあり、循環しているとも言える。

R-PDCA サイクルや SOAP サイクルを採用することは、保育の質の改善に有効に働くだろう。ただし、この方法は、保育のプロセスの質の改善のみに限定され、かつ、分かりやすい結果を求めるような「成果至上主義」に陥る危険性も指摘されている(安部／吉田 2017)。保育の計画、保育の記録はそれぞれ P と C にあたるが、PDCA サイクルのためだけではなく、保育者、保育所、国や自治体の異なるレベルが共に「対話」する手段としても活用する価値があると理解しよう。

(2) 全体的な計画

全体的な計画について、保育指針「第1章 総則」の「3 保育の計画及び評価」では以下のように規定されている。

> ア 保育所は、(中略)保育の目標を達成するために、各保育所の保育の方針や目標に基づき、子どもの発達過程を踏まえて、保育の内容が組織的・計画的に構成され、保育所の生活の全体を通して、総合的に展開されるよう、全体的な計画を作成しなければならない。

イ 全体的な計画は、子どもや家庭の状況、地域の実態、保育時間などを考慮し、子どもの育ちに関する長期的見通しを持って適切に編成されなければならない。
ウ 全体的な計画は、保育所保育の全体像を包括的に示すものとし、これに基づく指導計画、保健計画、食育計画等を通じて、各保育所が創意工夫して保育できるよう、作成されなければならない。

　全体的な計画は、その保育所が理想とする子ども像や目指すべき保育として、一番高い位置におかれる。保育理念、保育方針、保育目標から、その保育所における子どもや家庭の実態と地域性の把握、子どもの発達理解や保育のねらいや内容、当該保育所の特色など、職員全員の共通理解が求められる事項がまとめられている（全体的な計画は、幼稚園における「教育課程」にあたる）。
　具体的な項目として、まず保育理念や保育方針、全体の保育目標が掲げられる。そして年齢別にも保育目標を立てて、それと照らし合わせながら保育の内容を決めていく。保育の内容は養護と教育に大きく分けられ、教育はさらに5領域（健康、人間関係、環境、言葉、表現）に分けられる。ただし、これらは第5章でも述べられているように、実際に分けて行うことは望ましいことではなく、分けることもできない。保育者がただ漫然と保育をすることを防ぎ、明確な意識をもたせるために区分されていると考えてよい。それらの保育目標や内容に対して、保育者はどのように配慮や援助していくのかも具体的に記述する。加えて、衛生健康管理、安全対策、保護者や地域への支援、小学校との連携について、障がいを持つ子どもへの配慮、研修制度、特色ある保育などの項目を設ける。
　これらは、子どもの実態や地域性を把握していなければ書くことはできない。保育の全体的な計画は一人の保育士が作成するということはほとんどなく、たいていは保育所全体の会議のなかで主任保育士などの代表者が作成する。これは頻繁に改定されるものではない。

（3）指導計画
　指導計画は、全体的な計画を具体化したものである。子どもの状態、発達段階、季節などを踏まえ、この時期にどのような経験を子どもたちにさせたいか、

などを計画に反映させる。それでは、指導計画の種類と特徴についてみていこう。

①年間計画

　長期計画である年間の指導計画は、全体的な計画を受ける形で作成し、保育目標やそのクラスの子どもの実態に合わせ、入園から卒園までを見通した中でのある一年として意識し、年中行事や季節と関連付けて作成する。書く内容としては、主に以下の項目がある。

・園の目標(全体的な計画)
・年間目標
・期のねらい
・月ごとの行事
・子どもの経験、姿
・配慮事項・環境構成
・安全

　全体的な計画は保育所の保育目標であるので、どの年齢の子どもの指導計画でも同様になるが、年間目標以下の項目は年齢によって変わる。また期についてはその区切り方が保育所や幼稚園によって異なる。例えば、4期に分けるならば、4〜5月を1期、6〜8月を2期、9〜12月を3期、1〜3月を4期とすることが多い。年間計画を作成するためには、一年を通して保育所や幼稚園での生活においてどのような活動を行うのかということを知っていなければならない。これは、その保育所や幼稚園の「歴史を知る」ということになるだろう。歴史のある保育所や幼稚園ならば一年間のサイクルはほぼ固定しており、毎年頻繁に変わるものではない。一方、毎年入所してくる子どもたちは異なり、時代とともに保育所や幼稚園を囲む環境も変化する。よって、年間計画は固定化したものではなく、子どもたちや社会の変化に柔軟に対応させていくことも、頭に入れておく必要がある。

②月案

　年間計画の次に長期的な指導案は、**月案**である。年間計画をひと月ごとに分けて、より細かい指導計画を立てるもので、各月の保育目標を掲げ、季節・行事によって特色豊かに作成する必要がある。記載する項目には主に以下のものがある。

　・期間目標
　・月間目標
　・行事
　・生活と遊び・経験
　・主活動
　・保育者の関わりと配慮
　・園児名(月齢)
　・子どもの姿
　・個人的配慮
　・子どもの経験
　・配慮事項・環境構成
　・安全
　・家庭との連携
　・前月の子どもの姿
　・評価・反省

　本節の最後に示した、1歳児と5歳児の9月の月案例を見てほしい。期間目標、月間目標、行事などは、年間計画と同じものである。しかし、それ以外の項目は、前月の子どもの姿を踏まえて作成する。0歳児から2歳児の年齢の低い子どもに関しては、生活面で一人ひとりの配慮が特に必要なので、園児名と個人的配慮を記入する。同じ月案でも、1歳児と5歳児では内容が全く異なる。例えば想定される子どもの姿において、1歳児ではスプーンを使用して食べたり、衣服の着脱を自分でしようとすると記入されている一方、5歳児では5領域(健康、人間関係、環境、言葉、表現)に沿って子どもの経験が想定され、防災訓練から防災の知識を持つことなどが挙げられる。

144

　月案は、その月を取りだして計画を考えることも大切だが、12か月の中の1か月としても捉えたい。例えば、4月はクラスの構成メンバーや保育者が変わるなど、落ち着かない雰囲気が予想されるし、9月は夏休みに宿泊保育を行って友達との仲間意識が高まったりする。月案はクラスの様子を見ながら微調整していくのがよい。

③週案と日案

　月案をさらに日々の活動に合わせた、より細かく具体的な指導計画が**週案**や**日案**であり、子どもや保育者の行為をより具体的に想定して書くことになる。週案と日案が一緒になった様式を使用する保育所や幼稚園もあるので、それに合わせて記入する。

　週案は、前の週の子どもたちの実態を踏まえて、今週では何を子どもたちに経験してもらいたいかということを、月案と照らし合わせて計画する。日案よりも子どもたちの育ちを通時的に捉えられ、変化が見えやすいため、保育の目標などは立てやすいだろう。

　日案については、昨日の子どもの様子をベースに、長期計画や週案と照らし合わせて作成する。登所（登園）から降所（降園）までの一日のなかで、行われるだろう事柄（遊び、食事、午睡など）を、時間の経過とともに予想される子どもの動きと環境構成、保育者の援助を記す。保育の構想は、「子どもの実態把握」、「保育者の願い」、「環境の特徴理解」の組み合わせで考える。例えば、担任の保育者が、昨日まで折り紙でかぶとを折っていた子どもたちに、翌日は実際に被ることのできる大きなかぶと作りに挑戦してもらい、より大きな達成感も味わえるように遊びを広げたいと考えたとしよう。その場合、新聞紙は「折り紙より大きく、実際に子どもたちが被る大きさに適している」という特徴がある。そこで、「新聞紙を用意する」という保育者の援助の方向性が見えてくる。このように、三つの項目をそれぞれ分けて明らかにしたうえで組み合わせると、自然と翌日の環境構成と援助の方向性が浮かんでくる。そのために、日頃から子どもをよく見ること、それぞれの環境がもつ特徴を知っておくことが大切だ。さらには、予想される子どもの動きには、保育者の願いや思いが含まれており、必ずしも実際に子どもたちがこの通りに動くとは限らない。よって、いくつかのパターンを考えておき、それでも想定外の流れになることも覚悟しておく。また、曜日によっても子

1歳児　9月の指導計画

平成27年度9月指導計画　1歳児　ひよこ組	園長印		主任印		担任印	

期間目標	・季節の変化による気温に留意し、衣服の調節をして健康に過ごせるようにする。 ・保育者に手伝ってもらいながら簡単な身のまわりのことを自分でしてみようとする。 ・秋の自然物や虫に興味を持ち、探索したり触れたりして遊ぶ。		

月間目標	・夏の疲れや残暑からくる体調の変化に留意し、健康に過ごせるようにする。 ・手伝ってもらいながら、衣服の着脱や排泄、食事など、簡単な身のまわりのことをしようとする。	行事	・交通安全教室　　・プラネタリウム ・老人ホームとの交流　　・敬老の日

	子どもの姿	保育士の関わりと配慮
生活と遊び	・正しくスプーンやフォークを持って食べようとする。 ・簡単な衣服の着脱を自分でしようとする。 ・保育者に促されて、食前や排泄後、遊んだ後に手を洗おうとする。 ・戸外遊びを通して、バッタやトンボなどの身近な生き物に興味をもったり、探索をして楽しんだりする。	・一人ひとりのスプーンやフォークの持ち方を見ながら、さりげなく手を添え、持ち方を直したりしながら繰り返しかかわっていく。 ・自分でしようとする気持ちを見守り、励ましたりしながら、できたときには、その喜びに共感していく。 ・保育者も一緒に戸外で体を動かしたり、身近な自然や生き物に触れたりしながら「気持ちいいね」と共感し、子どもたちと一緒に自然を感じていく。
主活動	・散歩 ・リズム遊び	・戸外の広い場所で体を動かしたり、自然に触れて遊べるように誘いかけていく。 ・運動会へ向けて遊びのなかで体操やリズム遊びを楽しくできるようにする。

園児名	子どもの姿	個人別配慮
M・K （1歳6カ月）	・手づかみで食べることが少しずつ減り、こぼしながらもスプーンを使って一人で食べようとする。 ・友達に興味を示し、まねをしたり一緒に遊ぼうとするが、友達の遊んでいるものが欲しくなると、引っ張って取ったり、取れないときはおお泣きして要求を通そうとする。	・調理担当者と相談し、一口大に切り分けてもらう。また、すくいにくいものは、まとめるなどしてすくいやすいようにしてもらう。 ・保育者も一緒に遊びながら「貸してね」「どうぞ」と言葉のやりとりをしたり、本児の思いや動作を言葉にして伝えたりする。
F・Y （1歳8カ月）	・衣服の着脱は、「自分で！」といって時間をかけながらもしようとするが、うまくできずに泣いて怒る。 ・わらべうたやふれあい遊びが好きで、保育者の歌に合わせて手足を動かしたり、一緒に歌ったりし	・衣服にさわって手伝われるのを嫌がるので、友達と一緒に着替えることで、本児がわかりやすいように、着脱の仕方を知らせていく。 ・保育者や友達と一緒に体を動かしたり、ふれあったりして遊ぶことで、楽しい気持ちをともに味わって
⋮	⋮	⋮

安全	・活動と休息のバランスを図る。 ・子どもの個人差が出てくるので、遊具・玩具の使い方と配置を確認し、安全点検を行う。	

家庭との連携	前月の子どもの姿	評価・反省
・夏の疲れが出やすい時期なので、気温の変化に留意し、子どもの体調をこまめに伝えあう。	・生活の流れが少しずつわかるようになり、おやつや食前の手洗い、食後の排泄、着替えなどを、保育者に声をかけられると、自分でしようとする姿が見られた。	・一人ひとりの健康状態に留意し、健康に過ごせるように配慮できたか。 ・自分でしようとする気持ちを受けとめ、その子に合ったかかわりができたか。

今井（2014）を参考に竹山が作成

146

5歳児　9月の指導計画

平成30年度9月指導計画　5歳児　きりん組		園長印		主任印		担任印	

期間目標	・自分の健康に関心を持ち、手洗い、うがいや衣服の調整などをすすんでしようとする。 ・友達と共通の目的を持ち、お互いの考えを伝えあい、創意工夫をしながら遊びを発展させる。		
月間目標	・防災訓練に参加し、防災時の行動を理解して、災害や防災について関心を持つ。 ・さまざまな運動遊びや集団遊び等を楽しむなかで、挑戦する気持ちや充実感、体を動かす喜び等を十分に味わう。	行事	・総合防災訓練　　・運動会 ・一日保育参加　　・いも掘り ・敬老の日　　　　・十五夜

		子どもの経験　・　内容	環境構成　・　配慮事項
養護・教育	健康・人間関係・環境・言語・表現	・防災訓練に参加し、災害時の行動の仕方を理解する。また、災害や防災について関心を深め、訓練の大切さを知る。 ・縄跳びやゴム跳び、ボール遊び、竹馬などを楽しむなかで、挑戦する気持ちや充実感、体を動かす喜び等を味わう。 ・地域の中学生や近所の方といも掘りを楽しむなかで、親しみの気持ちをもち、身のまわりの社会に関心を持つ。 ・運動会に向けて、リレーで同じチームになる仲間と練習をしたり作戦を立てたりするなど、友達と思いを共有しながら期待を高めていく。 ・体力がつき、午睡をしないで過ごす年長児には、その時間にルールの難しいゲームや手芸など、年長同士で楽しめる活動を取り入れていく。	・災害についての本や記事を用意して分かりやすく話をしたり、日頃から散歩で避難地まで歩いたりする経験を積み重ねていく。 ・避難の際は、状況に応じて子どもたちに分かりやすく的確に指示を伝え、一人ひとりの状況を把握して安全確保に努める。 ・ボールや竹馬などの用具は、選びやすいように種類や高さごとに分類し、安全に楽しめるよう十分な空間を確保する。 ・自ら挑戦する気持ちやできたときの達成感、思い切り体を動かす心地よさや喜びを感じられるよう、必要に応じて言葉をかけたり援助したりしていく。 ・いも掘りに必要な道具を準備する。興味・関心が深まるよう、保育室には事前にサツマイモに関する絵本や図鑑、植物カードなどを置いておく。 ・一緒にいも掘りをする中学生のことを事前に話したり、サツマイモの掘り方や調理法について調べたりしながら期待感をもって取り組めるようにする。 ・運動会の種目についてイメージが持てるよう、内容を分かりやすく掲示したり、外遊びの際にチームに分かれて競って遊んだりしていく。 ・期待感を持って意欲的に楽しめるよう、一人ひとりの心の動きを受けとめ見守りながら、必要に応じて援助をしていく。 ・就学まで見通しをもって、年長児の興味や発達に合った活動ができる環境を整えていく。 ・まだ休息や午睡が必要な子どももいるので、無理なく過ごせるよう一人ひとりの様子を把握して対応していく。

安全	・園庭遊具、運動用具の安全点検を行い、正しく使うよう知らせる。 ・活動と休息のバランスを配慮する。		

家庭との連携	前月の子どもの姿	評価・反省
・一日保育参加を通じて、保育の様子や子どもの姿を丁寧に伝え、家庭との連携を深めていく機会にする。	・意見がぶつかることもあるが、友達と考えを伝えあったり工夫したりしながら協力して遊び、達成感や満足感を共有している。	・友達と共通の目的を持って遊ぶ中で、何か問題や課題が出てくると、保育者に頼るのではなく、子ども同士でどうしたらいいかを話し合ったり考えたりする姿が増えてきた。

天野(2013)を参考に竹山が作成

どもたちの様子には違いがあるため配慮が必要だ。例えば、月曜日には週末に家族と楽しく過ごして機嫌よく登園してくる子もいれば、一週間がまた始まると思うと憂鬱になってしまう子もいる。体調なども含めて、一人ひとり様子が異なるので、個人とクラス全体のバランスを考慮する。本項では、指導計画についてのように立てるのか、どのような項目を考慮すればよいかなどを示した。しかし、計画はあくまでも計画である。指導計画は一つの仮説であって、実際に展開される生活に応じて常に改善されるものであるから、そのような実践の積み重ねの中で、教育及び保育の内容に関する全体的な計画も改善されていく必要がある。指導計画を意識し過ぎるあまり、実際の保育者の動きが子どもたちと調和しないものになっては意味がない。常に子どもの活動に寄り添えるような保育を心がけたい。

3 振り返るための記録

前節では保育の質の改善に用いる PDCA サイクルのうち、P（計画）について考えた。D（実行）を経たのち、C（評価）すなわち振り返りをしなければならない。その振り返りの際に不可欠なのが「保育の記録」である。本節では記録の取り方と、その活かし方として保育者同士が行うカンファレンスに触れる。

（1）記録の方法

前節での週案や日案を構想するためには、前週や前日に子どもたちが経験したこと、育ちが見られたこと、興味を持っていることなどを理解しておかなければならない。そのために欠かせないのが、日々の保育の記録である。**R-PDCA サイクル**では R（リサーチ）や C（評価）にあたり、保育日誌とも呼ばれる。職場によっては、指導計画と同様にフォーマットが決められており、それにしたがって記述して定期的に提出することを業務とするところもあるが、明日の保育計画のためや自分の保育の振り返りのために、独自の記録法を編み出す保育者もいる。

本項では、この日々の保育の記録がどのような意味を持ち、なぜ記録しなければならないのか、さらに、どのような記録方法が保育を行う上で役に立つのかということを解説する。そして、自分の保育体験を他の保育者とも共有しなが

ら保育の専門性を高めていく方法について考えたい。

　保育指針「第 1 章　総則」の「3　保育の計画及び評価」には、「（ア）保育士等は、保育の計画や保育の記録を通して、自らの保育実践を振り返り、自己評価することを通して、その専門性の向上や保育実践の改善に努めなければならない」とあり、全体的な計画、指導計画の作成と並んで保育の記録の重要性を強調している。自己評価に関して、保育指針には以下のように記載されている。

　　（イ）保育士等による自己評価に当たっては、子どもの活動内容やその結果
　　　　だけではなく、子どもの心の育ちや意欲、取り組む過程などに十分配慮
　　　　すること。
　　（ウ）保育士等は自己評価における自らの保育実践の振り返りや職員相互
　　　　の話し合い等を通じて、専門性の向上及び保育の質の向上のための課
　　　　題を明確にするとともに、保育所全体の保育の内容に関する認識を深
　　　　めること。

　（イ）は、子ども理解を指しており、箇条書きのような事実の羅列だけではなく、子どもが経験していることや育ちを実態としてきちんと把握するということである。子どもの実態を踏まえなければ、次の指導計画を立てることはできない。（ウ）は、保育者自身の保育の振り返りのことである。個人的な省察だけではなく、カンファレンスなどを活用しながら、記録をもとに複数の保育者で問題を共有することで、自身の保育を再構成することができる。両者は共に、保育の専門性を高めるために大切なことである。この二つを満たすような記録が「保育に活きる記録」であり、私たちが目指す記録である。

　では、「保育に活きる記録」とは、どのような記録だろうか。現場で保育者が記録することは、時間的にも体力的にもかなり負担が大きい。さらに、子どもたちをどのような視点で捉えて記録すればよいのか分からず、結局は「保育に活かすことのできない記録」となってしまうことが多々ある。記録する手間や困難さは、保育実習でも十分に経験されることであろう。しかしながら、記録する視点を明確化することによって、まずは記録するにあたって心理的負担を減らすことはできる。そして保育を記録し続けることで、保育者自身も「記録者」として成長

し、コツが掴めてくる。よって、保育行為のより的確な記録と、それをもとにした保育行為の振り返りによって、余裕を持って肯定的に子どもを捉えられるような保育ができるようになる。結果的には記録するための体力や時間の確保にもつながる。特に新卒の保育者は入職して初めて経験する事柄が多いうえに、理想と現実のギャップに直面することで、さまざまな戸惑いや葛藤を感じることがある（これをリアリティ・ショックとよぶ）（谷川　2013）。そのような状態においても、記録をすることで、自分が直面している問題を客観的に認識・整理でき、それによってこれから自分がどうすればよいのかという方向性と課題を見出すことができる。自分の保育を記録することは、この危機を乗り越える助けの一つとなる。

　それでは、以下に四つの記録方法の例を取り上げて、記録する際の視点と形式を解説する。

①エピソード記述

　エピソード記述は、主に保育や看護の場における参与観察で用いられる記録方法で、観察者が心を動かされた瞬間のエピソード（場面）を、主観的に書くことが特徴である。

　観察記録というと、起こったことを客観的に、時間軸に沿って網羅的に書いていくものだと考えられており、保育現場で提出する保育日誌もこのタイプが多くみられる。しかし、エピソード記述は、ある出来事を切り取り、そこで観察者がどのように関わり、どのようなことを感じ、相手（子ども）がどのように感じたかを詳細に書いていくものである。

　これまでの一般的な観察記録は、観察者が透明になって存在を消して書かれているのに対して、エピソード記述は観察者自身が中心となって書かれる。保育者の場合は観察がメインではなく、子どもとの関わりを通しての保育行為の記録が求められる。それゆえ、保育者である自分が様々に感じたり考えたりしたうえで、どのような行為を行ったのか、そして子どもがどのような気持ちを表していたのかを保育者が受け止めて記録することになる。この際に、子どもは自分ではないのだから、どう思っていたのか分からないので書けないし、書くべきではないとするのではなく、その子に自分を重ね合わせて感じ取ったことを記録すればよい。

　このように、相手のことを自分の感覚を通して理解することを、「間主観的に」

把握するという(鯨岡 2005)。これは、保育者が普段から「子どもの視点になって考えよう」という姿勢を意識しながら保育を行うことにあたる。もちろん、子どもがどのような思いだったのか分からないことも、しばしばあるだろう。このような出来事こそ印象的なエピソードとなり、検討したい事例となる。この場合は「わからない」とその時は正直に書き、「私」からみた様子を記録しておくにとどめておくだけでもよい。

　エピソード記述はこれまでの観察記録と異なり、主観的に記述していくことが特徴であるが、主観的だからといって日記のようなものになってはならない。なぜなら、記録は誰が読んでも書き手と同じような体験を想起できるように残す必要があるからだ。記録は自分だけではなく、自分以外の人間がいつでも手に取れ、その記録を読んで追体験できるように、開かれておかねばならない。その他者には、他の保育者だけではなく、数日後、数年後に記録を読み返す自分自身も含まれている。そこで、自分がどのような状況で、どのように感じたかを書きだすには、客観性も不可欠だということが分かる。エピソード記述は、「その人固有の目を通して捉えられたものでありながら、誰にとってもそのように捉えられるものであるかのように提示されている」記録である(鯨岡 2005:253)。自分自身が主観的に感じたことを、誰もが理解できるように、客観的に記述していくことが大切である。

　さらに、記録することで、保育を振り返る回数が格段に多くなる。メモをとるとき、それをきちんとした記録に書くとき(清書)、完成後に読み返すときなど、読み返せば読み返すほど、振り返る回数は増える。そして、一週間後の自分と一年後の自分が同じ記録を読み返せば、そのとき感じるものは異なっている。新たな発見や改善点、新たな課題も見えてくるので、記録は読み返すことにも意義がある。そのためにも、いつ読んでもその時の体験がなるべく鮮やかに蘇るように、場面の背景なども詳細に記録しておかねばならない。

　参与観察による研究は、学術的な仮説を検証するために、最終的には誰にでも読まれて理解されるような文章を作成し、研究成果として世に出すことが目的である。しかし、保育者が記録する第一の目的は、自分の保育を振り返り、明日からの保育に活かすことである。そしてその延長で、他の保育者とも共有できるような記録を目指してほしい。

　繰り返しになるが、時間に沿って一日に起こったことをただ羅列するだけの記

録では、明日の保育に十分活かすことができない。確かに、園に報告する必須業務として、今日何が行われたのか書きとめておくことは大切なことだ。しかし、保育を振り返り、次の保育に活かすための方法としては不十分である。保育者自身の心が揺さぶられた出来事に着目し、そこでの保育行為を追体験しながら記述するほうが、自分の保育行為について深く考えるためには効果的である。その意味で、保育の現場でもエピソード記述は注目を集め始めている。

②学びの物語

　「**学びの物語**」(ラーニング・ストーリー)はニュージーランドでの保育評価の新しい方式で、子どもの学び、つまり一人ひとりの子ども自身における成長を捉えようとする試みである。保育所や幼稚園での評価は学校とは異なり、点数化することができないため、指標となるものが見出しにくい。ニュージーランドでもこのような問題に直面し、評価についての視点や基準について研究者を交えて熟考が重ねられていた。そして考案されたのが「学びの物語」であり、その背景には個体内部の知識やスキルというよりも、周囲の状況とのやりとりを重要視する発達観がある。一人ひとりの子どもの成長を捉えるには、断片的なものをバラバラに見るのではなく、その断片をつなげて再構成することで初めて見えてくると考えた。子どもの一つひとつの行為についても、その時の判断で良し悪しを決めてしまうのでは、本質を取り違える可能性がある。特に悪いと思われた子どもの行為については、その行為の意味を後から考えてみることで、その先の保育につながる肯定的な見方ができる。よって、日常的で継続的な記録が重要となり、常に保育者が自分の保育を振り返る必要がある。

　では、子どもが生活や遊びのなかで「学んでいる」と捉えることができるのはどのような姿なのか、「学びの物語」では以下の5つの視点をあげている。

　　①何かに集中した時
　　②熱中している時
　　③困難に立ち向かっている時
　　④自分の考えや感情を表現する行動
　　⑤責任をとる

　この5つの様子が見られたとき、その子どもは「学んでいる」とされる。⑤は、「自分がいる場の公平を守ろうとしている時、自分を振り返っている時、他の人の手助けをしている時、園での生活や保育に役立とうとしている時」（大宮　2010：49）のことであり、相手の立場になって考えて行動している時を指している。

　記録を取り始めたばかりで、記録する子どもたちの姿が漠然としてつかめない場合は、これらの視点を参考にすると記録が書きやすいだろう。これらの視点でなくても、慣れてきたならば自らの保育経験から独自の視点をつくり出してもよい。子どもたちのどのような姿に自分の心が引きつけられるのか、それが自分の保育観になっている。自分の保育観を、記録を通して知ることができる。

　また、「学びの物語」を行うにあたり、記録について5つのポイントも挙げている。

　A　上記の5つの視点に立って子どもを見ること
　B　対象となる子どもを決めて継続的に記録すること
　C　記録した行動について、どんな学びや、成長が展開しているかという点から振り返って、そこにどんな意味があるかを記してみること
　D　子どもの記録を踏まえて、「次はどうするか」を書くこと
　E　記録には写真を付けるとわかりやすいこと

　子どもを捉える視点を定めたうえで、より深い子ども理解をするためには継続的に見ることも大切である。実態把握から意味を読み取り、次の活動につなげる。先の①から⑤の視点を持って記録を取ることで、子ども一人ひとりの行動の意味が見えてくる。このとき、それぞれの子どもに対して、保育者としてどのような行動をとるべきかが実感を伴って理解される。

　「学びの物語」は、子どもの評価手段の一つとして子どもの行為を振り返るために記録が有効に活用されている例である。

③環境図記録

　三つ目に、子どもたちの遊びを読み取り、そこから明日への保育に活かせる記録の視点と様式を紹介したい。「保育に活かすことのできる記録」（河邊　2005）を残すにはどのような視点が必要か、次のように挙げられる。

・子どもの行為から、子どもが遊びのどこにおもしろさを感じているかを二つの視点(遊び課題と仲間関係)から読み取ろうとしていること。
・また、遊びの経過を連続的に注視し続けるなかで、子どもがそこで何を経験しているのかを遊びの顕在的意味・潜在的意味の両面から読み取ること。
・これらの読み取りのうえで、保育者の子どもに対する「願い」が何らかの形で示されていること。
・「願い」の根拠となる事実関係を子どもの行動からていねいに拾おうとしていること。
・子どもの行動をとらえたうえで、願いを修正する過程が読み取れること。

　遊び課題というのは、子どもたちが遊びのどこに魅力を感じたか(○○になりきることがおもしろい、自分たちの動きがおもしろい、色の変化がおもしろいなど)ということである。また、遊びの「顕在的意味」と「潜在的意味」について、「顕在的意味」は「その活動であるからこそ経験できること」であり、「潜在的意味」とは「活動の持つ特性を超えて、子どもの内面に変容をもたらすもの」としている。潜在的な経験は、活動の内容が変わっても連続していくものである。
　以上の視点を持ちながら、さらに具体的に一日の保育記録を書くポイントを三つ挙げる(河邊　2005)。

　①いつ、どこで、だれが何をしていたか
　②どのように遊んでいたか(遊び課題と仲間関係)
　③そこで子どもたちが経験していたことは何か。さらに必要な経験は何か(顕在的経験・潜在的経験)。

　①は事実の把握である。②はその事実からの読み取りで、これは保育者によって解釈が様々に分かれる。③はその解釈からどのような課題が浮かび上がり、保育者としてどのような援助が必要かを見通す作業である。
　その上で、河邊が従来の記録様式とは趣の異なる様式の記録の方法として提案しているのが、「環境図記録」である(河邊　2005)。環境図記録は、「同時進行で展開する複数の遊びを把握」するために有効な様式で、「遊びを

空間的にとらえている」という点ですぐれている。

　下の環境記録図の例を参照してほしい。まず、遊びが行われている場所の見取り図を描き、そこに遊びの名前と子どもの名前を書く。その周辺に、子どもがどのように遊んでいたか、その遊びから何を経験しているのかを書き込む（Aの部分）。その隣に、次に何を経験してもらいたいか、保育者の願いや思いを書く（Bの部分）。そして、さらにその隣に、保育者の援助の方向を具体的に書きだす（Cの部分）。保育者の援助は、Aの遊びが翌日も続き、発展させる形で決まるので、当日になって昨日とは違う遊びが始まると、全く違う援助をする場合もある。遊びを構成するメンバーの変化によって、誰がどの遊びに移動したのかも書き込め、遊びが融合したらそのことも書ける。このように書きだしてみると、子どもたちが経験していることが俯瞰して捉えられる。

環境図記録

河邊（2009）を参考に竹山が作成

　①と②の記録方法は、一人の子どもをじっくり捉えるには有効だが、子ども同士の仲間関係や遊び同士の関わりなどを把握したいケースには向いていない。年齢が上がってくると、子どもはいろいろな人間関係のなかで育つ。遊びも、他

の遊びから影響を受けながら発展させていくことが起こる。そこで、③の環境図記録は、誰と誰がどの遊びを行い、途中でどのように関係性が変容していったのかを明確にできる。ただし、この記録は、年齢の高い子どもたちにおいて持続的な遊びができる場合を前提としているため、集団遊びができない年齢の子どもや、年度始まりで仲間関係が不安定な場合は難しい。

④デジタルカメラやビデオなどによる記録の活用

　文書化した記録を補助するために、写真や動画を添えることも推奨されている。特に研修において、ある一つの事例を大人数で検討する場合には、資料として役に立つ。記録写真や記録映像は、手軽にその場の視覚的情報をそのまま映し出すことができ、後で何度でも見直せる便利さがある。

　しかし、参与観察を行う研究者たちもその有用性を評価している一方で、危険性と限界も指摘している。例えば、「極端な表現をすれば、映像を見直すたびに、録画された出来事の新たな解釈が生まれてくるのである」(麻生 2009：182)、「私たちが完全に忘れてしまっていると思っていた過去の体験事象を蘇らせる。それは本当に記憶が蘇ったのだろうか、それともそのときに記憶が蘇ったように錯覚しているのに過ぎないのだろうか」(麻生 2009：198)とあるように、何度も同じ写真や映像を見ていると、実際に体験した「今、ここ」の感覚が薄まって、どれがその時の感覚なのか分からなくなる恐れがある。記録写真または記録映像はあくまでも補助的な役割であり、完全なものではない。これらで切り取られた場面に意味を与えるのは、あくまでも私たちである。また、個人情報保護の観点からも、その扱いや保存には十分な注意を払わねばならない。

(2) 複数人での振り返り—カンファレンスにおける複眼的検討

　これまで、保育を記録する意義と、「保育に活かせる」記録の仕方を説明した。しかし、さらに記録を活かしきる方法がある。記録をすることだけでも自身の振り返りを行っているのだが、その記録をもとに他の保育者と話し合うことで、子どもや物事に対して否定的から肯定的な捉え方へ転換できたり、新たな子ども理解へとつながったりすることがある。そこで「**カンファレンス**」が重要な役割を担う。

　カンファレンスとは、「会議」や「相談」という意味で、もともとは看護師が入院

病棟での問題解決や改善のために行っていた話し合いのことである。これを保育の現場でも導入し、子ども理解の助けや明日への保育に繋げる話し合いが設けられている。保育指針にも、「保育所全体の保育の質の向上を図るため、職員一人ひとりが、保育実践や研修などを通じて保育の専門性などを高めるとともに、保育実践や保育の内容に関する職員の共通理解を図り、協働性を高めていくこと」とあり、保育の質を高めるために研修が推奨されている。森上史朗は、カンファレンスが成り立つ条件として以下の五つを挙げている（森上　1996）。

(1)「正解」を求めようとしない
(2)「本音」で話し合う
(3)園長や先輩による若年保育者の指導の場にしない
(4)批判や論争をしない
(5)それぞれの成長を支え合い育ち合うこと

　しかしながら、実際のカンファレンスは、なかなか意見が出なくて話し合いにならない、ただの雑談で終わる、権威のある人や、知識経験の豊富な人の意見が最終的に採用される、といった事態にも陥りやすい。カンファレンスの目的は、「子どもを捉える新たな視点に気付くこと」、「自分の思考的枠組みを変えること」であり、そのために、自分自身が語る中で、もしくは他者からの投げかけによって自分が変容することをねらっている。つまり、自分の視点が変わらず、自分の保育が再構成できないようなカンファレンスは失敗なのである。このようなことを防ぐには、司会を決めて参加者から意見が出るように促すことや、外部の専門家や保育者に参加してもらうなどの方法がある。そして、カンファレンスのメンバーに「チェンジエージェント」がいるかいないかで、その質は随分と変わってきてしまう。「チェンジエージェント」とは企業での組織改革を行う際のキーパーソンのことを指していたが、近年では他の分野でも用いられるようになった。保育カンファレンスにおけるチェンジエージェントの特徴は、問題を抱えている保育者に共感したうえで、自分の事例を紹介し、そこから有効そうな解決法を提案してみるという流れで、相手の視点を変化させている点である（松井　2009）。このような人間がいると、問題解決に向けてより前向きな話し合いができる。

参与観察の記録法では、主観的に感じたことを客観的に書くことが求められていた。それは自分を抜け出して(脱自的になり)「第三の目」を持つことで、「拠って立つ自分の(普段はたいていは気づかれない暗黙の)価値観を意識化する作業」(鯨岡 2005：258)を行うのである。そして、その記録がカンファレンスなど、自分ではない他者の目に触れて意見が交換されるとき、さらに自分の気づかない価値観と出会う。よって、カンファレンスは保育者の成長にとって非常に大切な場である。また、「学びの物語」においても、重要としているのは記録をもとにした話し合いである。特に、子どもに対して否定的な見方をしてしまう場合、話し合いのなかで他の保育者からの発言によって視点を転換し、前向きに子どもを捉えられることが期待できる。

　カンファレンスをはじめ、保育者は、教職員や保護者といった大人や、子どもにも対して、自分の意見を伝えたり、相手の意見を聞いたりする場面が多く、コミュニケーションの力が求められる。「カンファレンスで自分の意見を言いたい」、「攻撃的な保護者に自分の考えを伝えたい」、「同僚に仕事を頼みたい」、「園長や主任からの依頼を上手に断りたい」、「子ども同士の喧嘩をうまく仲裁したい」など、言いにくいことを言わねばならない場面に遭遇することがある。特に新人の保育者は、自分の思っていることを同僚の保育者や保護者、子どもにさえも上手く伝えることができず、悩むことがあるだろう。カンファレンスでは、「知識」、「経験」、「役職」などにかかわらず、「共に保育をする仲間」として対等に意見を交わすことが必要になる。

　保育者の性格によっては自己主張が苦手なこともあるかもしれないが、自分の考えを的確に相手に「伝える」ためのスキルも身につけたい。そのために、「(さわやかな)自己表現」と呼ばれる「アサーティブな自己表現」を知っておくことはその助けとなる。「アサーティブな自己表現」とは、「自分の考え、欲求、気持などを率直に、正直に、その場の状況にあった適切な方法で述べること」(平木／沢崎／野末 2002：1)と定義されている。「assertion」や「assertive」という単語だけをみると、「断言・主張」や「独断的な、自己主張の強い」という意味になり、ここで紹介したい「(さわやかな)自己表現」という意味とは異なるので、注意してほしい。この自己表現は、もともとはアメリカ発祥の対人関係に悩んでいる人へのカウンセリング法の一つだったが、近年では企業や看護の分野においても、職場で良好な人間関係を築くために用いられている。

　実際に相手に伝えるときのポイントは、以下の四つがある。

　①客観的な事実を述べる
　②自分の考えや感情を述べる
　③要求を述べる
　④要求が拒否された場合、次の提案を述べる

　この方法は保育者自身が自己表現をする場合だけではなく、子ども同士の問題解決場面においても有効である。保育者が第三者的に加わることで、両者をアサーティブな方向へ導くことができる。
　例えば、A君が同じおもちゃを長時間独り占めし、B君もそのおもちゃを使いたくて取り合いになったとき、保育者がその仲裁に入ることを想定してみよう。
　保育者が先のポイントに沿ってこの子どもたちに接するならば、次のような関わりが期待できる。

1.「二人ともこのおもちゃが使いたいけれど、今はA君が使っているよね」
2.「二人はどういう気持ちなのかな（聞いたうえで整理して代弁する）？　A君はこのおもちゃで遊んで楽しかったのに、それをB君に邪魔されて嫌な気持ちになってしまったね。B君も使いたいけれどA君が使い終わるのをずっと我慢して辛い気持ちだったんだね。」（両者に双方の気持ちを伝える）
3.「じゃあどうしようか。」（この時点で双方の気持ちが分かり、自分たちで解決することもある。意見が出てこない場合は、保育者がいくつかの提案をする）
4.「Cの案も、Dの案も二人は嫌なんだね。じゃあE案はどうだろう?」（3での提案が拒否されたとき、保育者はまた新たな案を出す。解決するまで3と4を繰り返す。）

　重要なことは、相手も大切にするということで、自分の要求だけを通そうとすることではない。これは第三者として問題解決場面に遭遇した場合に気付きやすい。どちらが正しい、悪いという捉え方ではなく、双方の感情を受け止めたうえで、どのような解決法があるのか子どもに考えてもらえるような関わり方を心がけたい。

以上、本節では、「保育の記録」の意義と重要性、およびその方法を重点的に解説した。

　最後に、R-PDCA サイクルの C(評価)について再び触れたい。評価とは、子どもの成長や変化に対するもの(アウトカム評価)だと考えられがちだが、目標とする子ども像を実現させるための保育の計画や環境構成に対する評価(ストラクチャー評価)や、実際に保育活動が展開する過程で子どもの経験に対する評価(プロセス評価)も存在する。

　これらの評価をするにあたり、先ほどさまざまな記録法を紹介した。これらの記録法は、主にアウトカム評価をある程度可視化する手段として紹介したが、もちろん他の二つの評価についても判断するのに役立つ。また、ストラクチャー評価は、保育の計画や保育者の働きかけ、環境構成が適切であったか、プロセス評価は子どもたちがどのような態度で活動に取り組んでいたかなどが基準となる。これらの評価は、保育の質を高めることと密接に結びついているのである。次節では、保育計画を立てる際に考慮する保育形態について把握する。

4 さまざまな保育形態

　皆さんは保育所や幼稚園で、どのような仲間と何人でどのような活動をしていただろうか。一人や二、三人で各々好きな遊びをしていた、またはクラス全員で同じ活動をしていただろうか。子どもは他者とかかわったり、自分自身に向き合ったりすることで成長する。保育者は前節での保育観や子ども観を前提とし、集団と個のバランスを考慮しながら保育の計画を作ることが大切だ。また、活動を充実させるために、一日のなかで子どもたちの人数や構成員を変化させるような保育内容に取り組んでいる。

　保育指針の「第1章総則」の「1保育所保育に関する基本原則」には、「子ども相互の関係づくりや互いに尊重する心を大切にし、集団における活動を効果あるものにするよう援助すること」とある。子ども一人一人の育ちを大切にするために、集団としての効果をそれに活かすことができる。

　保育活動を、展開される方法や構成員の数などで分類したものを**保育形態**という。本節では、まず子どもが個と集団を経験することにどのような意味がある

のか、次に保育所や認定こども園、幼稚園で展開する活動の保育形態について考えてみたい。

（1）集団と個人

　鯨岡峻は、子どもは「自分の気持ちを通したい」存在であり、そして「みんなのなかの自分でいたい」存在であるとしている（鯨岡　2001）。「自分はこのスコップが使いたい」、「先生と遊びたい」、「大きな声で歌いたい」など、主体的に「〜したい」と子ども自身が思い、行動することは、自発性が育っていると考えられ、望ましいことである。一方、「みんなと一緒にお弁当を食べる」、「Aちゃんと一緒にお絵かきをする」など、一日の保育の中で、他の子どもとも一緒に何かをしたり、集団でしか味わえないようなダイナミックな遊びや出来事を経験したりするという場面も多数ある。このように、自分自身の意志を貫きながらも、他人とも繋がりたいという自己矛盾を、鯨岡は「根源的両義性」と呼んでいる（鯨岡　2001）。子どもは、自分の思いで好きなように行動したり、他者と思いが合致して喜びを感じたり、時には他者と衝突しながらも一緒に何かに取り組んだりと、めまぐるしい気持ちの変化の中で過ごしている。

　また、保育指針の「第1章総則」の「1保育所保育に関する基本原則」には、「子どもが自発的、意欲的に関われるような環境を構成し、子どもの主体的な活動や子ども相互の関わりを大切にすること」とあり、個々の子どもの主体性と同時に、子ども同士の相互の関わりも大切にするような保育方法が示されている。よって、保育者は、子どもの主体的な個としての成長を促しつつ、集団生活の中で自己開示、他者理解を適切に行えるよう、子どもに働きかけていくことが必要になる。

　保育者は、日々の保育の中で個人よりも集団を優先させなければならない場面に多く遭遇する。例えば、昼食の時間や行事の練習などである。その子のペースを大切にしてあげたいと思いながらも、時間や全体の流れに合わせたいという気持ちもあり、保育者のなかでも葛藤がある。

　そのような中で、個としての子どもと、集団の中にいる子どもの両方を大切にする意識を持たなければならない。一見、この二つは矛盾し、対立しているように見える。ところが、自我が芽生えて自分を知りながら形成していくには、他者の存在が必要である。なぜなら、他者は自分を映す鏡のような役割をしており、

それによってしか自分を知ることができないからだ。他者の反応を見ることで自分の対応を変え、社会という集団に取り込まれていく。その過程を見守り、促すのが保育者の役割とも言える。保育者は、個としての成長には他者が不可欠であることを理解したうえで、保育を行うことが重要である。鯨岡によれば、保育者は相反する「受け止め、受け入れる」行為と「教え、導く」行為を巧みに使い分けることが大切だとしている（鯨岡 2001）。保育者が子どもに対してどのような反応をするのかによって、子ども自身の自己形成に大きな影響を及ぼす。子どもの中にある「大人になりたい」気持ちやプライドと共に、みんなと一緒が楽しくて心地よい感覚を、保育者が引きだして導いていきたい。

　次項では、具体的な保育形態の種類と特徴を紹介する。

（2）保育形態の種類と特質

　保育者はそれぞれの保育形態の特徴を熟知したうえで、保育内容に合わせて保育形態を選び取る。そこには前節で述べた保育観に加えて、より具体的な保育者の子ども観、意図およびねらいがある。保育活動は、保育目標、保育形態の特徴、保育者の子ども観や願い、保育内容などを考慮して組み合わせられる。保育形態は、保育を計画する上で欠かせない配慮事項である。代表的な保育形態を以下の三つの視点で整理しながら、それぞれの特徴や長所および短所を紹介したい。

　一つ目に、保育者の子どもとの関わり方および活動の自由度という視点で、主に、**一斉保育、設定保育、自由保育**に分類される。**一斉保育**は、子どもたちに同じことを、同じ方法で行う形態であり、長所は保育者が子どもに身に付けてもらいたいという思いに基づいた活動内容を平等に効率よく伝達できることである。さらに、子どもは、みんなと一緒に歌を歌うなどの活動を「みんなの中の一人」として楽しむことができる。短所は、子ども一人ひとりの育ちに応じることが難しいことである。

　設定保育とは、保育者が一定の指導目標をもって子どもの活動を計画し、設定して行う保育の方法である。子どもの自発的な活動のみでは、活動に偏りが出たり、経験が乏しくなる可能性がある。そのため、保育者が明確な意図を持って活動内容を計画する。これは一斉保育に近いと思われるが、必ずしも子どもたち全員で行う必要はなく、いくつかのグループに分かれたり、他のクラスと

合同であったり、子ども一人で行われる場合もある。

　自由保育は、子どもの自由な活動を尊重する保育である。長所は、子どもたちの意思が活動に反映されるところであり、自由な発想で創造的に活動ができる点である。自分のペースで集中して遊び込むこともできる。短所は、子どもが自発的に遊ぶことを、保育者が全く関わらない放任と混同されやすいことである。子どもの意思による活動ではあるが、保育者は子どもの育ちが促され、遊びが発展するような関わり合いをしながら応答的に保育を展開させなければならない。

　二つ目に、集団の構成という視点によって、主に、**縦割り保育、統合保育、混合（解体）保育**に分けられる。

　縦割り保育は、異年齢の子どもたちを一つのグループあるいは一つのまとまりとして活動を展開させることを目的とした保育である。保育所および幼稚園で子どもたちは通常、同年齢でクラスに分けられている（年齢別保育）が、年齢の垣根を越えて一緒に保育を行う。このことは、少子化の影響で、子どもが異年齢同士で遊ぶなどの機会が持てないまま成長してしまうことに対しての配慮の一つである。幼保連携型認定こども園教育・保育要領の「第1章総則」の「第3　幼保連携型認定こども園として特に配慮すべき事項」にも、以下のように異年齢保育が想定されている。

　　（3）家庭や地域において異年齢の子どもとかかわる機会が減少していることを踏まえ、満3歳以上の園児については、学級による集団活動とともに、満3歳未満の園児を含む異年齢の園児による活動を、園児の発達の状況にも配慮しつつ適切に組み合わせて設定する等の工夫をすること。

　年長の子どもは年少の子どもに対して面倒をみることで、頼りにされたり憧れの対象となったりする。一方で、年少の子どもは年長の子どもから可愛がられたり世話をされたりする対象として、大切にされる経験をする。このことは、両者にとって自尊心が育まれる機会になる。また、同年齢の子どもとは異なる人間関係を経験するため、同年齢保育には見られない遊びの展開が見られたり、その子の新たな側面が現われたりする。保育者にとっては自分のクラス以外の子どもも把握することになり、負担が大きくなるおそれがあるので、他の保育者とも綿

密に連携する必要がある。

　統合保育とは、障がいのある子どもとない子どもを一緒に保育するというものである。長所は、健常児にとっては障がい児への理解を早くからできるということ、障がい児にとっては疎外感を感じることが少なく過ごせることである。短所は、すべての保育所・幼稚園や認定こども園で障がい児を受け入れているわけではないので、どこでも実現できるわけではないこと、保育者は障がい児の保育にも十分に対応できなければならないことなどがあげられる。

　混合（解体）保育とは、同一年齢のクラス保育にこだわらず、上記二つの保育も含むような保育を行う。子どもたちに様々な人間関係を経験してもらう意図もあるが、人数によるクラス編成の都合で実施される場合もある。

　三つ目は、「人数」の視点から、主に、**個別保育、グループ保育、クラス保育、全体保育**に分けられる。

　個別保育は、一人ひとりの子どもに応じた保育が行われ、保育者とじっくり向き合う保育が期待できる。乳幼児期は、特定の人物との愛着形成がなされる時期としても重要なため、一対一で接する時間も取り入れたい。乳児の場合、衛生面なども合わせて手厚い保育が必要であり、保育者一人に割り当てられる人数は幼児よりも少なく規定されている。幼児の場合は、子どもの興味を引き出すような、保育者との親密で応答的な（子どもからの働きかけに対して保育者が適切にかかわることができる）保育が想定される。しかし一方で、集団にしかできないダイナミックな遊びには発展しづらく、保育者の指導的な活動になる可能性がある。

　グループ保育は、グループを単位とした保育を行うことで、仲間同士で協力しながら自主的に活動することなどが意図される。グループにも、気の合う子ども同士が自由に集まるグループもあれば、当番や係のグループ、生活グループなど、子どもの自発性によるものと保育者の意図で構成されたグループもある。

　クラス保育は、自分の所属するクラスで行われる保育である。子どもと保育者の関係性がしっかりと築けている子どもたちの保育は両者にとって安心感があり、応答的な保育が展開されやすい。しかし、保育がマンネリ化することもあるので、活動が充実、発展するような工夫やバリエーションが必要である。

　全体保育は、運動会や生活発表会など、園全体で行われる行事の準備

や本番で主に利用される形態である。園全体でまとまった保育ができる反面、保育者は一人一人の子どもを把握することが困難になる。

　以上、いくつか主な保育形態を取り上げた。基本的にはどの保育形態も、まず子どもの自発性や主体性を尊重したうえで、活動がさらに充実するように保育者が手を加えるという保育観の上に成り立っている。それぞれの保育形態には、それぞれの子ども観や保育的意図が反映されていることが理解できるだろう。保育の計画は、これらの組み合わせによって立てられている。もちろん紹介したものが全てではないため、保育所や幼稚園によっても独自の形態をとることもある。その際も、各形態の子ども観と保育的意図をおさえたうえで取り入れなければならない。また、豊かな保育形態による保育方法を実現するためには、他の保育者との協力や連携が欠かせない。保育者同士の日ごろのコミュニケーションやカンファレンスが大切になってくる。

　次節では、世界中で保育の質への関心の高まりを受けて作成された、OECD の『5つの保育カリキュラムの概要』で扱われている海外の保育方法・保育形態の中からいくつかを紹介する。どのような子ども観や保育観の下に実際の保育が行われているのかも考えてみたい。

5　海外の保育内容

（1）ハイスコープカリキュラム

　ハイスコープカリキュラムは、1960年代のアメリカでワイカートによって提唱された、ピアジェの発達理論をもとにした幼児教育カリキュラムの一つで、子どもの知的発達と社会的発達の促進を目指している。恵まれない環境で暮らしている子どもたちのために開発されたヘッドスタートプログラムの一環として、ペリープレスクールをはじめとする幼児教育機関で採用された。このプログラムによって、その後の子どもたちの学業成績、出席率や卒業率は上昇し、成人してからも、収入、持ち家率や犯罪率などにおいて、優れた結果を出した。

　このカリキュラムにおいて、子どもは「計画－実行－振り返り」を通して積極的に学ぶ存在と位置づけられている。子どもが能動的に自分の行動を決めていくことが重要視されるため、基本的に保育者が一日の活動内容を細かく決定することはない。保育者は子どもとの相互的交流を大切にしながら子どもの意思

決定を援助していくことから、指導する者というよりもパートナーという役割が強い。

　まず計画の段階では、保育者は子どもに、何をどのように行うのか、計画が可能なものなのか、質問や会話をする中で方向付けを促す。一つの活動は数分から1時間くらいで実行可能なものが多い。保育者にとってはこのやりとりで、子どもの考えや理解の度合いなどを把握することができる。子どもの自由な発想による計画が実現しやすいよう、保育者はブロック遊び、読書、砂遊び、パソコン、音楽、水遊び、木登りエリアなど、アクセスしやすい環境および素材を豊富に用意しておく。子どもたちはエリアの選択をはじめ、自らの行動を選択する。

　実行段階では、子どもが自分で決めた計画を実施する。保育者は子どもの遊びや作業を誘導することがないよう配慮し、友達との相互関係や問題解決の仕方などを観察する。作業が終わると子どもは片付けをするので、保育者は物を片付ける位置を明確にしておくなど、予め環境を整えておく。

　最後は振り返りを行い、自分がしたこと、作ったもの、新たな問題などを洗い出す。この作業は文章で表すこともあれば、描画することもある。保育者は、子どもが経験したことや考えたことなどを理解し、次の計画に繋げるよう促す。

　このように子どもの意志が尊重される日課ではあるが、子どもの学びを保障するシステムも構築されている。それが「鍵体験」である。「鍵体験」とは、幼児にとって発達上重要な能力やスキルを育むために、日常生活の中で大切とされる体験である。「鍵体験」は58個あり、大きく5つのグループに分類される。すなわち、①造形やごっこ遊びなどの創造的な表現、②言語と読み書き能力、③感情表現や他人への配慮などの主導性と社会的関係、④動きと音楽、⑤分類したり数を扱ったりする言語的推理である。例えば、計画を立てる際の保育者との言葉のやりとりは、②言語と読み書き能力の向上と、また振り返りの際の自己表現は①創造的な表現とも関連している。

　これらの項目は、保育者が子どもを観察したり、理解するための指標でもあり、細かな項目は保育者と研究者で話し合いながら決められるため、変化することがある。保育者は、子どもたちがこの「鍵体験」をできるような学習環境を提供する。

　このように子どもが自ら日課を計画することで、子ども自身が次にすることを

予想でき、自らが一日を把握できるようにしている。保育者は日課の中で子どもが「計画－実行－振り返り」を繰り返すことができるように、子どもとの話し合いを重ねたり言葉がけをしたりするなどして援助する。

　子どもたちが保育内容を決定するため、保育形態は日によって異なる。しかし、時にグループでの活動の場合は教師主導の保育内容が展開されることもあり、例えば美術的な取り組みや実験を行う時は小グループ、討論や演劇、音楽演奏に取り組む場合は大グループを採用することがある。また、個別保育や統合保育も行われる。

（2）テ・ファリキ

　テ・ファリキはニュージーランドで1996年に発行された、乳幼児期のナショナル・カリキュラムである（ナショナル・カリキュラムとは、全国統一の教育課程のことである）。ニュージーランドには先住民のマオリ族をはじめとする少数民族の文化と西洋文化が混在し、展開される保育内容も多様であった。それらを統一させて、それぞれの文化や伝統も大切にしたうえで、子どもたちに継承していこうとする保育方法が開発された。「ファリキ」は、マオリ語で「織物」を意味し、「乳幼児カリキュラムを共通の枠組みにしながら、子どもたちの年齢や関心、それぞれの乳幼児教育施設の文化的文脈、理念、親や職員の関心によって多様に個性的に織り上げていくという比喩的な意味が込められている」という（泉／一見／汐見　2008）。2009年より遵守の義務付けがなされた。

　テ・ファリキには4原理と5目標が掲げられている。4原理とは、幼児カリキュラムは、子どもに成長する力を与えるものであるということ（エンパワメント）、全体的な発達が反映されていること、家族とコミュニティなどの広い世界が必要であること、そして、子どもは人や場所や物との関係性の中で学ぶ、というものである。5目標は、心身の健康、所属感を持てること、一人一人の貢献が価値のあるものであること、子どもたちの言葉は保護され促進されるというコミュニケーション、環境の中で能動的な探求を通して学ぶことである。これらには、子どもたちが教科のように分断された知識を体系的に学ぶというよりは、学習意欲そのものを向上させたり、自分とは異なる文化を受け入れたり理解するということに重きが置かれている。

　さらに、「子どもにとって両親は最初の教師である」という理念から、家庭教

育も重要視されているため、保護者による子育ての負担が重くならないよう、家族に対する国からのサポートが充実している。妊婦に対しても同様である。

　幼児教育・保育施設はテ・ファリキをベースとして、各園で大切にしている教育目標とあわせて保育内容を決める。様々な人種や文化的背景を持つ子どもが通い、保育形態は混合保育を採用している園が多い。一斉保育というよりも個を大切にした自由遊びが展開され、担任制がとられていない園もある。「織物」を意味する「ファリキ」には「クモの巣」のイメージも込められており、クモの巣が広がるように人とのつながりも相互的で複雑に広がることを想定している。

　以上のように、テ・ファリキには多様性を受け入れ、様々な人間関係を築いていてほしいという願いが込められている。

（3）プロジェクト・アプローチ

　プロジェクト・アプローチは、キルパトリックのプロジェクト・メソッドの流れをくんで、カッツとチャードが発展させた。主に4歳から8歳頃の幼児期から児童期の子どもたちが、身近で興味のある課題に取り組み、自分たちなりの発見や分かったことなどをまとめて表現する保育方法である。数日から数か月にわたって、子どもたちはあるトピック(課題)に対して問いや仮説を立てて、それらを検証したり解決したりする活動に取り組む。プロジェクトを進める保育形態は個人、グループ、全体とトピックによって変わり、構成メンバーも同年齢、異年齢とさまざまである。

　プロジェクト・アプローチは3段階に分けることができる。第1段階ではトピックを定める。保育者は子どもたちの興味関心や経験、知識等といった今の状態を把握したうえで、探求するトピックをどれにするのか、子どもたちの話し合いを促す。子どもたちが自分の経験を語ったり、トピックについて疑問を述べたりする中で、トピックのどのような側面を探求していきたいのか、徐々に明確にさせていく。また、子どもたちと保育者で情報を共有することで、プロジェクト進行における共通の基盤が出来上がる。トピックが決まると計画を立てたり、予備調査をする。インタビューの訪問先の調整や質問事項をまとめることも行う。保育者は必要な本や資料といった情報源を用意したり、必要ならばゲスト・スピーカーの交渉も行う。

　トピックを選定する際には、以下の条件を満たすよう考慮することが求められる。

1. 関係した現象が、子ども達自身の環境で十分に直接観察できること。その場合、トピックは豊富な直接経験を提供し、トピックのあらゆる側面での直接接触ができること。
2. 子ども達自身が経験したことのある内容であること。
3. 直接的な調査が可能であること(そして潜在的危険性がないこと)。
4. 地域の情報源と専門家を利用でき、現場にも行くことができること。
5. あらゆる形の媒体によって(たとえば役割遊び、製作物、絵画など)表現できる可能性があること。

　トピックが決まると、第2段階の調査に移る。子どもと保育者はトピックについて本で調べたり、現地での実際の観察やインタビューなどを実施したりしながら、調査対象を分析する。話し合いを重ねて新しい発見や知識を共有し、仮説の検証を重ね、解決策を見つけてゆく。保育者は、調査過程において子どもたちが持っているコミュニケーション能力や文字や絵を書く力といったスキルを生かせるように促すことが大切だとされる。また、子どもたちがさらに調査を進めようとする気持ちや、理解を深めたいと思う気持ちを高めるようなかかわり方を意識するとよい。

　最後の第3段階は、まとめとプレゼンテーションである。これまでの成果を、他の子どもたち、保育者、保護者に向けて発表する。発表のスタイルはポスターや作品の展示説明、劇、ごっこ遊び、ゲームなど自由である。プレゼンテーションによって、自分たちの活動を振り返って評価したり、次の課題への繋がりを見出したりする。この段階で、子どもたちは第2段階で獲得した新しい知識を自分のものにしていく。プロジェクトを終えるごとに達成感を味わったり、トピックに対する深い知識と経験を身に付けることで自信を抱くことができ、また次のプロジェクトに積極的に臨むことができると考えられている。

(4) レッジョ・エミリア・アプローチ

　プロジェクト・アプローチの中で注目されている例として、レッジョ・エミリアでのプロジェクト・アプローチの取り組みを紹介したい(**レッジョ・エミリア・アプローチ**)。レッジョ・エミリアは北イタリアの小都市で、第二次大戦後、ローリス・

マラグッツィという教師を中心に保育方法を開発しながら、主にアートを媒介とした表現を重視する独自の保育が行われた。レッジョ・エミリア・アプローチの特徴は、子どもたちの表現媒体が「100の言葉」と表されているように、絵画、彫刻、描画、音楽、劇、影遊び、ジェスチャーなど実に多様なことである。特にビジュアルアートに力を入れており、アトリエリスタと呼ばれる美術の専門家が配属されている。職員については、専任教師（各クラス2名）とペダゴジスタと呼ばれる教育専門家、アトリエリスタのほか、全ての人が保育に関わることが求められているため、保護者や地域の人々も共同の保育者として参加する。また、子どもたちが過ごす環境は「第三の教師」とされるほど重要視されていて、共同の広場とアトリエが用意されている。子どもたちにとっては何でも学ぶ資源となるため、葉っぱや石ころ等の自然物をはじめ、楽器やパソコンといった幅広いモノが用意されている。

　レッジョ・エミリア・アプローチはデューイやピアジェ、ヴィゴツキーの理論を取り入れており、特にヴィゴツキーの「**発達の最近接領域**」という考えを大切にしている。「発達の最近接領域」とは、自分の力だけではできないことが、大人やすでに課題を乗り越えた友達からの助けがあるとできるような領域のことである。つまり、子どもは自己完結的に発達していくのではなく、他者との相互的なかかわりの中で成長・発達すると捉えられているため、教師や子ども同士の積極的なかかわりが重要とされる。プロジェクトはクラスや4〜5名のグループでの協働的な活動が展開される。また、子ども、保育者、保護者が上下関係なく共同してプロジェクトを進めるのである。

　プロジェクトへの取り組み期間は、一週間から一年である。プロジェクトの前半では、友達との意見や情報の交換によって自分や他人を理解することを学び、後半では友達による豊かな表現を見たり聞いたりすることで刺激を受ける。保育者はプロジェクト中に誘導的なふるまいは避けているが、子どもたちが持続的に学習できるよう、常に資源を提供する義務がある。

　このように、レッジョ・エミリア・アプローチは共同性と、大人や友達との積極的な相互性を大切にした保育を展開している。

　以上、四つの海外の保育方法を見てきた。それぞれの地域の持つ特性に合った保育が行われていることがわかるが、共通していることは、子どもの自発性や主体性が大切にされているということである。子どもの自ら育つ力を信じ、

それを助長するような働きを、保育者を含めた周りの大人が行うという保育が主
流になっているといえる。

（竹山貴子）

参考文献

安部高太朗／吉田直哉　2017　「保育内容総論における「保育の質」に関する言説
　　の性格：テキストマイニングによる分析」『敬心・研究ジャーナル』第1巻第2号。

天野珠路　2013　『3・4・5歳児の指導計画：保育園編』小学館。

麻生武　2009　『「見る」と「書く」との出会い：フィールド観察学入門』新曜社。

林悠子　2014　「保育の「質」の多様な理解から見た「質」向上への課題」『福祉教
　　育開発センター紀要』第11号。

平木典子／沢崎達夫／野末聖香編著　2002　『ナースのためのアサーション』金子
　　書房。

今井和子　2009　『保育を変える記録の書き方　評価のしかた』ひとなる書房。

───　2014　『0・1・2歳児の担任になったら読む本：育ちの理解と指導計画』
　　小学館。

泉千勢／一見真理子／汐見稔幸　2008　『世界の幼児教育・保育改革と学力』
　　明石書店。

カッツ／チャード　2004　『子どもの心といきいきとかかわりあう：プロジェクト・アプローチ』
　　小田豊監修／奥野正義訳、光生館。

河邉貴子　2005　『遊びを中心とした保育：記録から読み解く「援助」と「展開」』萌文
　　書林。

───　2009　「明日の保育に活きる「日の記録」のあり方：遊びを読み取る視点の
　　必要性」『保育学研究』第47巻2号。

厚生労働省　2017　『保育所保育指針〈平成29年告示〉』フレーベル館。

鯨岡峻　2001　「子ども存在の両義性と大人の取るべき態度」『日本教材文化研究
　　財団研究紀要』第31巻。

───　2005　『エピソード記述入門』東京大学出版会。

松井剛太　2009　「保育カンファレンスにおける保育実践の再構成：チェンジエージェン
　　トの役割と保育カンファレンスの構造」『保育学研究』第47巻1号。

森上史朗　1996　「特集　保育を開くためのカンファレンス」『発達』68号、ミネルヴァ書房。

小田豊／神長美津子編著　2013　『保育・教職実践演習』光生館。

OECD編著　2011　『OECD保育白書—人生の始まりこそ力強く：乳幼児期の教育と　　　　　　ケア（ECEC）の国際比較』星美和子／首藤美香子／大和洋子／一見真理子訳、明石書店。

大宮勇雄　2006　『保育の質を高める：21世紀の保育観・保育条件・専門性』ひとなる書房。

―――――　2010　『学びの物語の保育実践』ひとなる書房。

谷川夏実　2013　「新任保育者の危機と専門的成長：省察のプロセスに着目して」『保育学研究』第51巻1号。

あとがき

　本書執筆のきっかけは、題名に凝縮されている。保育者になろうとする人間にとって、どうしても知っておくべき知識とは何だろう？　何が常識なのだろう？　という問いに対する一つの答え、暫定的であっても、「スタンダード(標準的知識)」を示したい。それが、本書の著者たちの共通の思いである。

　保育士養成課程の科目「保育原理」は、保育学の縮図を示す、概論(入門)としての役割を負うべきであるというのが本書の基本的な立場だ。まだ見ぬ保育学の全体像を、おぼろげながら点描してみたい、という思いもまた、本書の執筆者は共有している。

　保育をめぐる情勢は、2015年度から施行された「子ども・子育て支援新制度」の施行、2017年の幼稚園教育要領の改訂と軌を一にした保育所保育指針の改定と、千変万化の様相を呈している。加えて、2014年の衆議院、2016年の参議院、2017年の衆議院と、立て続けに実施された国政選挙において、待機児童をめぐる保育問題が争点化するという、日本憲政史上初と言ってよい政治状況が生まれてきている。

　本書をまとめるにあたって、直近の情勢に配慮しつつも、保育における「不易」を追求するという、二つの課題に、我々は直面せざるを得なかった。「思想」や「理論」という、教育学研究の中では「不易」につく傾向の強い専攻をもつ我々が、「流行」をどれだけ言語化できたのか、その成果のほどは全く覚束ないと感じている。読者諸氏からは、ぜひ、忌憚のないご意見・ご叱正を頂戴したい。末尾に、私のメールアドレスを記載しているのは、そのためである。それらの応答との対話の蓄積を経て、本書もさらに、リニューアルされていくはずである。

　末筆になるが、編集作業に献身的にお力添えを賜った三恵社の木全哲也社長に心から御礼を申し上げたい。

2018年4月1日

吉田　直哉

naoya_liberty@yahoo.co.jp

著者紹介

吉田　直哉　編者,第1章,第5章

　1985年静岡県生まれ。東京大学教育学部卒業。同大学院教育学研究科博士課程を経て、大阪府立大学大学院准教授。博士(教育学)。専攻は教育人間学、保育学。

丹治　恭子　第2章

　1979年静岡県生まれ。筑波大学第二学群人間学類卒業、同大学院人間総合科学研究科博士課程修了。立正大学准教授。博士(ヒューマン・ケア科学)。専攻は教育社会学。

稲井　智義　第3章

　1987年東京都生まれ。青山学院大学文学部卒業。東京大学大学院教育学研究科博士課程を経て、北海道教育大学専任講師。専攻は教育学、教育社会史。

田口　賢太郎　第4章　1,2,3,5節

　1984年香川県生まれ。早稲田大学教育学部卒業。東京大学大学院教育学研究科博士課程を経て、山梨学院短期大学専任講師。専攻は教育哲学。

鈴木　康弘　第4章　4節

　1988年北海道生まれ。青山学院大学文学部卒業。東京大学大学院教育学研究科博士課程。専攻は西洋教育史。

宮地　和樹　第4章　4節

　1985年香川県生まれ。筑波大学第二学群人間学類卒業。東京大学大学院教育学研究科博士課程を経て、香川短期大学専任講師。専攻は教育思想史。

竹山　貴子　第6章

　1981年山口県生まれ。青山学院大学文学部卒業。お茶の水女子大学大学院人間文化創成科学研究科博士後期課程を経て、日本児童教育専門学校専任講師。専攻は教育学、教育思想史。

再訂版 保育原理の新基準

2018 年 4 月 1 日　初版発行
2019 年 9 月 13 日　第 2 刷発行

編 著 者	吉田 直哉
定　　価	本体価格 1,650 円＋税
発 行 所	株式会社　三恵社
	〒462-0056 愛知県名古屋市北区中丸町 2-24-1
	TEL 052-915-5211　FAX 052-915-5019
	URL http://www.sankeisha.com

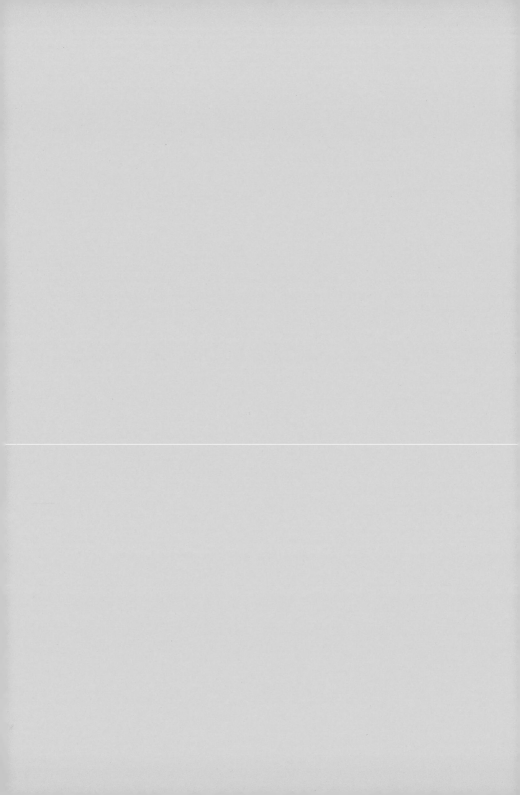